그건
심리학적으로 맞지
않습니다만

의심 많은 심리학자 최승원의

그건
심리학적으로 맞지
않습니다만

최승원 (덕성여대 심리학과 교수) **지음**

Psychologically speaking

심리학을 마음의 법칙을 뽑아내는 자판기로 여겨서는 곤란하다.
세상의 소란에 휩쓸리지 않고 생각의 중심을 잡아주는
의심의 도구로 사용하는 편이 훨씬 현명하다.

ㅅㅅㅅ

우리가 살아가는 현실은
심리학자들이 마음의 법칙을 발견해 내는
심리학 실험실엔 견줄 수도 없을 만큼 복잡하고 심오하다.

Part II

대중의 과잉 해석과
지식의 유통기한

◆◆

PART IV

마음의 병에 관한
새로운 이해

◆◆◆◆

밖은 소란해도 나는 조용하게

흥미롭다는 이유만으로 신봉되는 일이 많다.
실제로는 도움이 된다는 증거가 별로 없는데도 말이다.
— 버트런드 러셀, 『행복의 정복』 중에서

나는 물살에 휩쓸려 떠내려가는 나무토막일 수도 있고,
위에서 그 나무토막을 내려다보는 이가 될 수도 있다.
— 헨리 데이비드 소로, 『월든』 중에서

● ● ●

나는 심리학을 공부하고 나서 후회와 실수가 줄었다. 단 언컨대 그것은 내가 타인의 심리를 다른 사람들보다 더 잘 알기 때문이라기보다는 '합리적 의심'이 더 많아진 덕 분이다.

심리학을 공부할수록 인간의 판단과 선택은 우리가 생각하는 것보다 더 허술하고 즉흥적이라는 걸 확인하게 된다. 그리고 우리가 살아가는 현실은 심리학자들이 마음의 법칙을 발견해 내는 심리학 실험실보다 훨씬 더 복잡하고 심오하다는 걸 실감하게 된다. 게다가 세련된 비즈니스와 상품은 소비자의 시간과 호주머니를 호시탐탐 노리고 있으며, 각종 미디어는 마치 대중의 각성을 방해라도 하듯, 효과 빠른 진통제와 적절한 진정제를 지속적으로 공급하고 있다.

●●●

인공지능이 여러 분야에서 인간의 능력을 앞지르고 있는 이 시대에도 두 발로 걷는 로봇은 여전히 계단을 오르거나 장애물을 넘다가 균형을 잃고 넘어지곤 한다. 훌륭하게 중심을 잡으며 공중에서 외줄타기를 하는 로봇은 앞으로도 꽤 오랫동안 상상 속에서나 가능할지도 모르겠다. 중심을 잡는다는 것, 균형을 맞춘다는 것은 그만큼 어려운 일이다.

포털 사이트와 소셜 네트워크 서비스를 비롯한 각양각색의 미디어 속 세상을 걷다 보면 얼마 지나지 않아 곧 현기증이 난다. 쏟아지는 정보의 양도 숨 막히지만, 클릭 한 번이 돈이 되고 사람들의 관심이 곧 힘이 되는 세상에서 콘텐츠는 갈수록 더 불순하게 왜곡되고 자극적으로 편집되기 때문이다.

심리학도 욕망의 소란, 그 한복판을 지나고 있다. 이제는 평생을 바쳐 공부한 심리학자보다 자신이 인간과 세상의 심리를 더 잘 안다고 자부하는 자칭 전문가들을 심심찮게 만날 수 있다. 심리학은 어느 과학 분야보다도 '커뮤니케이터'를 표방하는 이들이 많은 분야가 되었다. 문제는 이러한 방송인, 작가, 강연가 등이 심리학 연구의 실체적 진실보다 그 결과에서 연상되는 메시지에 더 집중한다는 점이다. 진실은 사라지고 과장된 메시지만 유통된다. 지엽적인 사실로 세상 모든 일을 해석하려는 과욕과 어리석음 때문이다.

• • •

첫 장에서 살펴볼 '모차르트 효과'는 시대와 지역을 초월해서 반복되는 사기극의 전형을 보여준다. 휴식을 취하고 지능검사에 응한 집단에 비해 모차르트의 피아노 소나타를 듣고 검사를 한 집단이 공간 추리 능력이 높게 나왔다는 실험 결과가 미디어와 선동가, 장사꾼 등 노련한 공모자들을 거쳐 대중을 사로잡는 과정이 드라마틱하다.

부당이익의 설계자들이자 동시에 수혜자인 이들의 노력은 여기서 그치지 않는다. 이 어처구니없는 20세기의 해프닝은 21세기에 다시 한번 짭짤한 비즈니스로 둔갑한다. 그렇게 우리는 피해를 입고, 그들은 이득을 챙긴다.

● ● ●

한 영화의 제목처럼 '그때는 맞지만 지금은 틀린' 지식도 있다. 우리에게 '마시멜로 이야기'로 잘 알려진 심리학 실험이 대표적인 사례다. 어른이 된 후의 사회적인 성공을 어린아이일 때 예측할 수 있다는 마시멜로 실험의 주장은 학계에 센세이션을 불러일으켰다. 뿐만 아니라 후천적인 교육의 역할을 신봉하던 많은 교육학자들에게는 커다란 도전이었다.

하지만 그 후 마시멜로 실험을 비판하는 다양한 근거가 제시되었다. 세상은 심리학 실험실처럼 여러 조건이 통제되고 각종 편법과 반칙이나 행운과 우연이 배제된 비현실의 공간이 아니기에 만족 지연 능력이 뛰어난 아이가 성공한다는 단순 공식을 그대로 적용하기엔 역부족이다. 반쪽짜리 진실의 부작용은 거짓보다 끔찍하다.

굉장한 미남이라든지 자기를 뛰어나다고 여기는 자는 자기 자신에게 반해 있는 까닭에 다른 사람들도 자기에게 반한 줄로 생각하고 남들이 자신의 부탁이라면 무엇이든 들어주고 싶어 못 견디는 것으로 착각을 한다.

— 제롬 데이비드 샐린저, 『호밀밭의 파수꾼』 중에서

한편 우리는 환상과 거짓을 스스로 만들기도 한다. 세상에 소란을 일으키는 그들의 입도 조심해야 하지만, 자신의 뇌를 함부로 믿어서도 곤란한 이유다. 불안을 틈타 호주머니를 털어가는 산업과, 우상과 동화를 동시에 만들어 내는 정치와 미디어에 우리의 뇌는 취약하기 짝이 없다.

과연 우리 시대의 젊은이들은 소확행으로 행복해질 수 있을까? 소확행은 하나의 신드롬이 되었고, 비즈니스 모델이 되었으며, 결국 우리의 한때를 휩쓸고 지났던 그 숱한 단어들처럼 훼손되고 말았다. 기대와 바람을 담은 유행은 그렇게 열대(熱帶)보다 뜨겁게 피어올랐다 그 누구의 삶도 책임지지 않은 채 사라져버린다.

이 책의 후반부에는 우리가 정신질환자들과 함께 생활할 때 생기게 되는 오해와 갈등을 다루었다. 정신과 환자와 비(非)환자 집단은 같은 물리적 세계에 살고 있지만 그것을 받아들이는 주관적 해석이 전혀 다르다. 사실상 같은 공간 속의 평행우주를 살고 있다고 보아야 한다.

환자의 말은 비환자가 듣기에 터무니없다. 거짓말이나 헛소리로 들릴 뿐이다. 나는 정신과 환자들이 그렇지 않은 사람들과 다른 방식으로 세상을 볼 수밖에 없는 이유를 전달하려 노력하였다. 그들의 이야기와 행동은 그들의 세계에서는 지극히 자연스러운 일이라는 사실을 이해할 수만 있어도 환자와 비환자의 관계는 한층 가까워질 것이다.

환자와 비환자 사이의 오해와 갈등이 이해와 포용으로 바뀌는 순간, 우리는 세상의 호들갑에도 휘청거리는 일 없이 생각의 중심을 잡고, 살아가기 위한 또 하나의 길을 찾게 될 것이다. 오해와 편견을 걷어내고 한 사람의 세계를 오롯이 받아들이는 일과 우리가 사는 세계를 온전히 이해하는 일은 다르지 않기 때문이다. 그리고 그것은 자기 자신을 알아가는 일과 정확하게 일치한다.

심리학은 실험과 관찰에서 얻어진 자료를 객관적으로 분석하는 법을 훈련하는 학문이다. 많은 사람들이 심리학을 배우면 상대방의 눈빛과 행동만 봐도 그 사람의 속마음을 알 수 있지 않느냐 생각하지만 정반대이다.

심리학은 한 사람이나 하나의 현상을 단편적 정보로 해석하기를 최대한 경계한다. 그래서 심리학자는 의심하고 또 의심한다. 확실히 알게 될 때까지 단정하지 않고 쉽게 믿지 않는다.

나는 세상의 소란과 거짓에 속아 인생을 허비하고 싶지 않다. 편견과 아집에 콕 박혀 구태의연하게 살고 싶지도 않다. 환상을 좇다 허망해지고 싶지 않다. 정작 소중한 것을 놓치고 눈물 흘리고 싶지 않다. 오래도록 나는 진실을 찾아가는 이 수고로운 길을 보배로운 길이라 생각하며 살아가고 싶다.

2024년 봄의 연구실에서
최승원

PART 1

세상의 호들갑에 대처하는
우리들의 자세

Psychologically speaking

지식 사기극,
그리고 설계자들과 공모자들

오스트리아의 잘츠부르크는 모차르트 덕분에 도시 전체
가 먹고산다고 해도 과언이 아닐 정도로 그를 기념하는
것들로 가득 차 있다. 그런데 20세기가 끝나갈 무렵부터
모차르트의 이름이 전혀 다른 환경에서 오르내리기 시작
했다. 바로 모차르트의 음악을 들으면 머리가 좋아진다는
'모차르트 효과'가 그것이다. 천재 아인슈타인의 상대성
이론을 열심히 읽으면 머리가 좋아진다는 주장이라면 쉽
게 납득이 갈 수도 있다. 물론 상대성 이론을 제대로 이해
한다는 것은 그 자체가 머리가 좋다는 의미일 것이다. 그
런데 어떻게 천재 작곡가의 음악을 듣는 것만으로 머리가

좋아진다는 것인가?

창의력 향상을 위해서라면
바흐보다 모차르트의 음악을?

사건의 발단은 미국 위스콘신 대학의 라우셔(Frances Raus-cher) 박사팀의 연구였다. 이들은 「음악과 공간−추론 능력」이라는 논문을 무려 《네이처(Nature)》에 발표한다. 논문의 요지는 이랬다. 모차르트의 「두 대의 피아노를 위한 소나타 D장조 K.448」을 들려준 학생들이 그저 휴식을 취하고 검사에 응한 집단에 비해 공간 추리 지능검사 결과 그 점수가 높게 나왔다는 것이다.

라우셔 박사팀은 계산적인 바흐의 음악과 달리 자유롭고 창의적인 모차르트의 음악이 학생들의 창의력을 자극한 결과라는 멋들어진 해석을 곁들였다. 이 연구가 게재된 학술지가 《네이처》이다 보니 이 주장은 큰 파장을 일으키게 되었다. 게다가 대부분의 과학자들은 자신의 연구 결과에 대한 의의를 신중하게 말하는 경향이 있지만, 과학계 밖의 사람들에게 그런 미덕을 기대하는 것은 무리가 있었던 것 같다.

◆◆

저널리스트에서부터 장사꾼까지

《네이처》에 실린 라우셔 박사의 논문을 읽은 음악 칼럼니스트 알렉스 로즈(Alex Ross)는 《뉴욕타임스》에 기고문까지 썼다. 과학자들에 의해 모차르트 음악이 우리를 더 똑똑하게 만들어준다는 사실이 증명되었다고 말이다. 곧 이 멋진 소식은 지상파 뉴스를 통해 확대 재생산되었고 그야말로 모차르트 열풍이 불게 된다. 실험에 사용된 곡을 담은 음반은 매장에서 품절 사태가 벌어졌다. 각종 미디어는 모차르트 음악이 다른 '비(非)천재' 작곡가들과 비교하면 얼마나 뛰어난지를 찬양하는 글로 도배하기 시작했다.

훗날 라우셔 박사는 이때의 상황에 대해 당혹감을 감출 수 없었다고 술회했다. 그저 지능의 작은 분야인 '공간-추론 능력'에서 음악을 청취한 집단이 통계적으로 의미가 있는 수준의 '작은' 우위를 보였을 뿐인데 이미 세상은 음악 감상이 지능 전반을 높여준다고 믿어버렸기 때문이라고 밝히면서 말이다. 당시 연구실은 뉴스를 본 사람들의 빗발치는 문의 전화로 별도의 전화 안내원을 고용해야 할 정도였다고 한다.

이 정도 열풍이 시작되면 이제는 장사꾼이 끼어들 차례다. 모차르트 음악에서 짙은 돈 냄새가 풍기기 시작

한 것이다. 돈 캠벨(Don Campbell)이란 인물은『모차르트 효과
(The Mozart Effect)』라는 책을 시리즈로 출판하며 전국 강연을
펼치기 시작했다. 급기야 자신이 편집한 모차르트 음악
레코드 시리즈를 만들어, 머리를 좋게 하고 젊음을 되찾
아주는 음악이라는 등 검증되지 않은 이야기를 남발하며
흥행을 이어갔다.

태고 음악으로
헤비메탈을 들어도 괜찮습니다!

그렇다면 모차르트 효과의 실체는 무엇인가? 라우셔 박
사는 이 현상에 대한 정확한 이해를 위해 추가적인 실험
을 진행했지만 만족할 만한 결과를 얻을 수 없었고, 비슷
한 검증이 다른 연구실에서도 진행되었지만 대부분의 실
험에서 통계적으로 신뢰할 만한 차이는 나타나지 않았다.
심지어 다른 연구실에서 진행한 실험에서는 라우셔 박사
팀의 실험과 거의 동일한 절차를 사용하여도 모차르트 효
과가 나타나지 않았다. 라우셔 박사팀의 초기 실험에 무
언가 다른 요인이 개입되었을 것이라는 추측이 가능한 것
이다.

　　라우셔 박사는 후일 인터뷰를 통해 모차르트 음악

이 인간을 영리하게 만들 것이란 기대는 잘못된 것이라고 인정하였다. 심지어 태교 음악으로 헤비메탈을 들어도 무방하다는 농담까지 곁들이며 이 해프닝은 일단락되는 듯하였다. 그런데 모차르트는 21세기에 접어들며 전혀 엉뚱한 연구들을 통해 부활하게 된다. 바로 21세기 미래혁신기술이라 칭송받던 신경과학 연구를 통해서였다.

21세기에 부활한 모차르트 신화

뇌파 연구는 인간의 뇌 활동을 탐구하는 하나의 방법으로 이미 19세기부터 활용되던 전통 있는 방식이다. 이런 뇌파 연구는 1960년대 컴퓨터의 보급과 함께 더욱 다양한 분석을 가능하게 했다. 개인용 컴퓨터의 발전과 보급이 정점에 이른 21세기에 이르러서는 작은 연구실이나 병원 등에서도 큰 부담 없이 뇌파기기를 구입할 수 있을 정도로 대중화되기에 이른다.

이탈리아 로마대학교 사피엔차 캠퍼스의 월터 베루시오(Walter Verrusio) 연구팀은 건강한 젊은 세대와 노인 세대 피험자에게 라우셔 박사가 사용한 모차르트 음악과 베토벤의 음악을 들려주었다. 연구 결과는 흥미로웠다. 오직 모차르트 음악을 들은 경우에만 알파파 세기가 증가하는 신기한 현상이 발견된 것이다.

알파파는 지능 및 창의성과 관련성이 있다는 기존 연구 결과와 결합하면서 모차르트 효과는 새로운 전성기를 맞이하게 된다. 유튜브에는 머리가 좋아지는 모차르트 음악과 뇌의 관련성을 언급하는 동영상들이 등장하였고, 머리가 좋아지는 알파파 모차르트 음반이 다시 판매되기에 이르렀다.

대한민국 서울 강남의 학원가나 일부 개인병원에서는 수험생의 집중력 강화를 위한 뉴로 피드백 훈련 상품이 등장하기 시작했다. 심지어 과학 영재를 알파파 활동을 통해 구별할 수 있다는 국내 연구진의 논문까지 발표되기에 이른다.

상관관계를 인과관계로 착각하는 실수

뇌파로 재무장한 모차르트 효과를 다시 검증하기 위해서는 두 가지 질문에 대한 답이 필요했다. 한 가지는 알파파가 지능 향상의 증거가 될 수 있는지의 여부이고, 다른 하나는 베루시오 박사팀의 연구 결과가 다른 팀의 연구에서도 재검증될 수 있는지였다.

첫 번째 질문에 대해서는 몇 가지 지지 증거를 찾

을 수 있다. 알파파의 세기와 지능 사이에 높은 상관관계가 있다는 잘츠부르크 대학교 심리학과 연구팀의 2002년 연구가 그것이다. 하지만 이 연구는 우리가 보통 사용하는 지능검사와는 조금 다른 실험용 간편 지능검사를 사용하였다.

독일에서 진행된 연구에서는 인지기능 중 일부 능력이 알파파와 상관이 있다는 연구가 발표되었고, 러시아에서 진행된 연구에서도 문제해결 능력만이 알파파와 관련이 있는 것으로 나타났다. 심지어 교류전류를 머리에 자극하여 알파파 발생을 증가시킨 연구에서는 창의성 검사 수행이 증가한 것으로 나타났다. 지능 전반이 알파파와 관련된다고 볼 수는 없지만 일부 인지능력이 뛰어난 사람은 높은 알파파 강도를 보인다고 해석할 수 있겠다.

하지만 더 중요한 질문은 모차르트 음악을 들을 때 알파파의 강도가 증가하느냐는 것이다. 그것도 장기간에 걸쳐서 안정적으로 말이다. 이 질문에 대해서는 대만 가오슝의과대학의 룽 창 린(Lung-Chang Lin) 박사 등이 2014년에 실시한 연구를 주목해야 한다.

기대와 달리 이들의 연구에서는 모차르트의 음악을 들은 피험자들의 알파파가 오히려 감소하는 것으로 나타났다. 실제로 템포 변화가 적은 잔잔한 음악을 들을 때에 뇌는 각성도가 낮아지며 알파파가 증가하는 것으로 나타난다. 모차르트 음악도 어떤 종류의 음악을 듣느냐에 따라 알파파가 증가할 수도 감소할 수도 있는 것이다.

사실 지적 능력이 뛰어난 사람들이 알파파가 높게 나타난다는 것과 알파파를 증가시키는 것이 머리를 좋게 만든다는 것은 완전히 다른 개념이다. 상관관계에 대한 해석을 인과관계로 섣불리 확장해서는 곤란하다.

지적 자극에도 균형이 필요하다

모차르트는 천재다. 그는 머릿속에 떠오르는 음악을 자유자재로 악보에 적어낼 수 있었다고 한다. 그래서 악보를 수정할 필요도 없었다고 한다.

그렇다고 그의 음악을 들으면 머리가 좋아진다는 것은 과도한 추론이다. 많은 연구자가 모차르트 음악 청취를 통한 지능 향상 현상을 재현하는 데 실패했다. 최근 뇌파 연구가 일부 시행되었지만 음악을 들을 때 알파파가 증가하는지에 대해서는 연구마다 상반된 결과를 보이고 있으니 말이다. 어쩌면 이러한 차이는 모차르트의 음악 자체가 아닌 다른 조건 때문에 나온 것인지 모른다.

많은 사람들은 똑똑해지고 싶어 한다. 그런데 심리

◆◆

학적으로도 뇌과학적 관점으로도 지능은 하루 이틀 사이에 변화되지 않는다. 좋은 자극을 경험하고, 다양하고 열린 사고를 체험하며, 숱한 도전을 통한 시행착오로 오랜 시간에 걸쳐 획득되는 것이 인간의 인지능력이다. 요행을 바라지 말고 다양한 경험을 제공하는 것이 필요하다. 물론 좋은 클래식 음악도 그중 하나가 되겠지만, 특정 곡을 한두 번 들려준다고 기적이 일어나지는 않는다. 영양분을 균형 있게 섭취해야 하듯이, 지적 자극에도 균형이 필요하다.

모차르트의 음악을 가장 많이 들었던 모차르트는 그의 누이 난넬에게 보낸 편지에서 이렇게 쓰고 있다.

아침 여섯 시까지는 머리를 깔끔하게 정돈하고, 7시까지는 옷을 완벽하게 입어야 해. 그리고 9시까지는 작곡에 열중하고, 9시부터 오후 1시까지는 레슨을 하지. … 저녁에는 연주회 때문에, 또 언제 어디로 불려 갈지 확실하지 않기 때문에 작곡할 틈이 없어. 그래서 일찍 돌아올 때면 잠자리에 들기 전에 잠깐 짬을 내어 작곡하는 습관을 들였어. 가끔 1시까지 이렇게 편지를 쓰지만 내일 6시에는 일어나 있어야 해.

— 모차르트, 「난넬에게 보내는 편지」 중에서

인간의 뇌에 관한 아주 오래된 거짓말

"인간은 평생 자기 두뇌의 10퍼센트도 채 쓰지 못하고 죽는다."

보통 과학자들보다는 심신 수련이나 창의력 계발 프로그램에 종사하는 사람들이 이런 이야기를 많이 인용하는 것 같다. 여기에는 다음과 같은 그럴듯한 일화가 추가되곤 한다.

"아인슈타인 같은 천재들은 일반인과 달리 뇌의 15퍼센트 정도는 사용한 사람들이다."

♦♦

듣고 보면 인간의 뇌는 참으로 비효율적이란 생각이 든다. 아니 고작 10퍼센트를 쓰려고 이 크고 무거운 것을 얹고 다니다니…. 미리 결론부터 말하자면 인간은 두뇌를 '충분히' 활용하며 살고 있다. 먼저 왜 이런 잘못된 소문이 세상을 떠돌게 되었는지부터 살펴봐야겠다.

대중 심리학 분야에서 가장 널리 퍼진 오해

세상에 존재하는 어떤 심리학이나 뇌과학 연구를 뒤져봐도 인간이 자기 두뇌의 10퍼센트밖에 사용하지 않는다는 주장을 찾을 수 없다. 문제는 이게 잘못된 생각이라고 명확하게 말하는 책을 찾기도 어렵다는 것이다. 이 오해에 대해 언급한 책으로는 미국의 심리학자 데이비드 마이어스(David G. Myers) 박사가 집필한 『심리학(Psychology)』 정도를 찾아볼 수 있다. 마이어스는 이 '10퍼센트설'을 '대중 심리학 분야에서 가장 널리 퍼진 오해'로 꼽고 있다.

문제는 이 '10퍼센트설'을 언급한 대중 서적이 너무나도 많다는 것이다. 지난 10여 년간 '10퍼센트설'을 언급한 문헌을 분석한 연구가 있다. 이 연구에 따르면 문헌마다 두뇌의 몇 퍼센트를 쓰는지에 대한 주장도 가지가지여서 어떤 과격한 책은 우리가 두뇌의 0.01퍼센트밖에 사용하지 못한다고 주장하기도 하고 어떤 책은 관대하게도 두뇌의 20퍼센트를 쓰고 있다고 언급하기도 한다. 물론 가장 높은 비율은 10퍼센트이다.

그럼 대체 누가 이런 말을 했을까? 어떤 책에서는 "전문가들은…"이라고 하고, 조금 과감하게 "신경생물학자들은…"이라고 쓰기도 한다. 심지어 "소련의 생리학자들은…"이라고 해서 참으로 검증하기 난해한 나라의 학자 이름을 팔기도 한다. 물론 어느 책도 구체적인 연구나 논문을 인용하고 있지는 않았다. 이런 식으로 인용처가 분명하지 않은 주장들은 대부분 '가짜'라고 판단해도 무방하겠다.

문제는 이런 오해가 심리학을 배운 학생들에게도 그대로 나타난다는 것이다. 위에서 언급한 연구에서는 심리학과 학부생들이 이 '10퍼센트설'을 얼마나 신뢰하는지를 조사해보았는데, 충격적이게도 다른 전공의 학생과 별 차이가 없었다. 당연히 알고 있을 것이라고 생각한 것을 모르고 있으니 허를 찔렸다고 볼 수 있을 것이다. 심리학 교육과정을 짤 때, 새로운 이론을 알려주는 것도 중요하지만 사회에 널리 퍼져 있는 잘못된 심리학적 지식을 일깨워주는 것도 필요하다는 교훈을 나 같은 심리학과 교수에게 주고 있는 것이다.

거짓의 전파자들

대체 어떤 사람들이 10퍼센트설을 열심히 전파하고 있을까? 물론 자녀교육이나 두뇌계발, 자기계발 관련 책이나 강의에서도 이런 주장을 심심치 않게 접할 수 있다.

또 다른 열정적 전파자들은 주로 '정신수련'을 강조하는 트레이너 집단이다. 거리를 걷다 보면 마음이나 뇌 혹은 기 수련 같은 이름으로 인간의 정신적 능력을 확장시킬 수 있다고 주장하는 사람들이 있다. 이들은 하나같이 잠자고 있는 우리 두뇌의 신비한 능력을 깨워야 한다고 한다. 어딘가 깨울 능력이 존재하려면 그만큼 뇌의 상당 부분이 잠자고 있어야 할 테니, 이들은 아마도 바로 10퍼센트설의 신봉자들이다.

뇌의 숨어 있는 능력을 강조했던 대표적 인물이라면, '초능력자'로 세상을 떠들썩하게 했던 유리 겔러(Uri Geller)를 떠올려 볼 수 있다. 나에겐 어린 시절 우리나라에 방문한 유리 겔러를 생방송으로 보면서 숟가락을 휘게 하고자 온 힘을 기울였던 기억이 있다. 이 역사적 사건을 기억하시는 분이라면 최소 40대 이상이라는 것이 자동 인증된다고 하겠다. 역시 유리 겔러의 저서 『마인드 파워』에서도 우리는 뇌의 10퍼센트 정도밖에 활용하고 있지 못하다는 언급을 찾아볼 수 있다. 우리가 뇌의 나머지 기능을 활용할 수 있다면 상상을 초월하는 초능력을 발휘할 수 있다는 뜻이다. 이미 아는 분들도 있겠으나 그의 초능력은 모두 거짓으로 밝혀졌다. 그저 마술사의 트릭 같은 것이다. 하지만 그가 남긴 '10퍼센트설'은 지금도 우리 가슴속에 살아 숨 쉬고 있다니 아이러니가 아닐 수 없다.

서로 밀접하게 연결되어 있는 뇌

우리는 뇌의 각 부분을 두루두루 사용하고 있다. 심리학 연구를 조금만 살펴보더라도 이에 대한 증거는 쉽게 찾을 수 있다.

첫 번째 증거는 뇌영상 연구를 통해 확인된다. 인간이 어떤 작업을 하는 동안 두뇌에서 어떤 활동이 발생되는지를 확인하기 위해서는 뇌영상 촬영기기를 사용하게 된다. 보통은 양전자 방출 단층촬영(positron emission tomography: PET)이나 기능적 자기공명영상(functional magnetic resonance imaging: fMRI) 장비를 사용하는데, 이 기기를 이용하면 활동 중인 뇌 영역이 어디인지를 색깔로 확인할 수 있다. 학술지에 발표된 심리학 연구 중 하나를 함께 살펴보자.

연구에 따르면 피실험자에게 다양한 자극을 제시

할 때 뇌의 여러 영역들이 활동한다. 각각의 활동 특성에 따라 다른 영역이 활동하는 것이다. 또한 연구를 통해 우리는 뇌의 제한된 부분만을 사용하는 것이 아니라 뇌의 곳곳을 사용한다는 것을 알 수 있었다.

우리가 뇌의 대부분을 사용하고 있다는 두 번째 증거는 뇌에 손상을 입은 환자를 관찰해보면 알 수 있다. 우리가 뇌의 극히 일부분만을 사용한다면 뇌졸중이나 교통사고로 인한 뇌손상은 그다지 걱정할 문제가 아닐 것이다. 어차피 쓰는 뇌는 아주 작은 부분일 뿐이라면, 일부 혈관이나 조직이 손상되었다고 하더라도 피해는 거의 없을 것이기 때문이다.

하지만 뇌에 손상을 입은 환자들은 인지장애, 운동장애, 감각장애 등을 보인다. 극히 부분적인 뇌 손상에도 이런 현상은 관찰되는데, 이는 뇌가 유기적으로 연결되어 활동한다는 것을 의미한다. 서로 밀접하게 연결되어 있기에 부분적인 손상에도 타격이 나타날 수밖에 없는 것이다. 우리가 뇌의 극히 일부만을 사용하는 것이 아님을 증명하는 확실한 증거이다.

잠재력을 발휘하는 법

이러한 명백한 과학적 증거에도 불구하고, 많은 카운셀러와 코칭 전문가들이 왜 10퍼센트설을 아직도 인용하는지 충분히 이해한다. 인간에겐 무한한 잠재력이 있으니 그 잠재력을 계발하기 위해 노력하라는 뜻이리라.

우리는 이미 뇌의 상당 부분을 사용하고 있다. 그리고 보다 더 효율적으로 뇌를 활용한다면 이제까지 인류가 이루지 못한 많은 성취를 이룰 수도 있을 것이다. 인류가 지난 수천 년간 이룬 놀라운 성과가 이미 증명하고 있지 않은가. 뇌의 몇 퍼센트를 쓰는 것과 상관없이 우리에겐 놀라운 잠재력이 있다.

우리에게 『적과 흑』으로 잘 알려진 프랑스 근대소설의 선구자 스탕달(Stendhal)은 이렇게 말했다.

산속에서 보물을 찾기 전에, 먼저 네 두 팔에 있는 보물을 충분히 이용하도록 하라. 그대의 두 손이 부지런하다면, 그 속에서 많은 것이 샘솟듯 솟아날 것이다.

그러니 이제부터 말을 조금 바꾸어서 해보면 어떨까 싶다. 나의 잠재력은 무궁무진하고, 나는 아직 그 잠재력의 일부만을 확인했을 뿐이라고 말이다. 뇌는 열심히 자기 일을 하고 있다. 더 분발해야 할 것은 바로 '나' 자신 이다.

ᕦᵔᕤ

왜 심리학자는
MBTI를 신뢰하지 않는 걸까?

> 그들은 틀렸어요, 그들은 틀렸어요.
>
> 나의 노래를 부를 때, 나는 알았어요, 나는 알았어요.
>
> 나는 적색이고, 황금색이고, 녹색이고, 청색이에요.
>
> 나는 언제나 나일 것이고, 언제나 새로운 나일 거예요.
>
> — 델모어 슈워츠, 「나는 살아 있는 체리 — 어린 소녀의 노래」 중에서

MBTI에 대한 관심이 뜨겁다. 자신을 소개하는 프로필에 MBTI 유형을 밝히는 것은 물론이고 자신의 MBTI 유형이 담긴 명함을 건네는 사람들도 있다. 최근 예능 프로그램을 보면 서로 MBTI 유형을 물어보며 통성명을 하

◆◆

고, 서로를 평가할 때도 각 유형의 특징을 바탕으로 이야기를 풀어간다. 그야말로 MBTI의 최전성기가 온 것이다.

사실 이런 풍경이 그리 낯선 것은 아니었다. 불과 몇 년 전까지만 해도 서로를 이해하는 중요한 수단으로 혈액형을 사용하곤 했다. 불과 네 가지 유형으로밖에 구분 지을 수 없는 혈액형으로 우린 얼마나 많은 사람들을 판단하곤 했던가? 혈액형이 B형인 나는 그 차별과 편견 속에서 오랜 시간 피해를 당하며 살아왔다. 다행히 많은 과학자들의 꾸준한 노력 덕분에 사람을 혈액형으로 규정하려는 이들은 더 이상 찾아보기 어렵게 되었다. 감사한 일이다.

놀라운 사실은 혈액형의 위세가 꺾이던 시점과 맞물려 MBTI의 인기가 치솟기 시작했다는 점이다. 물론 MBTI는 꽤 오래전부터 심리학 전공자들에게 인기가 있는 성격검사였다. 문제가 많은 검사라는 교수님들의 지적에도 불구하고 나와 상대방을 간단하게 규정지어주는 유형 검사의 매력은 쉽게 끊기 어려운 약물과도 같았다. 그리고 그 인기가 이제는 세상 모든 사람들에게 확산된 것이다.

주류 심리학의 곱지 않은 시선

이미 짐작했겠지만 주류 심리학에서 MBTI를 바라보는 시선은 그리 곱지 않다. 성격 이론을 공부할 때 공식적으로 배우는 검사도 아닐뿐더러, 정신건강의학과 등에서 근무하는 심리학자가 환자의 심리를 분석할 때 사용하는 도구도 아니다. 심리학 연구나 치료에 활용되는 경우도 거의 없다. 한마디로 심리학과 관련된 검사라고 보기는 어렵다.

　　물론 이쯤 이야기가 전개되고 나면 "심리학만이 진리냐?" "너희들이 다루는 것만 옳은 것이냐?" 이런 식으로 반론을 제기하는 이도 있을 것이다. 나는 일부 강성 심리학자들이 말하듯이 이 검사는 무조건 잘못되었다고 생각하지는 않는다. 많은 이들이 좋아하고 즐기는 데는 그만한 이유가 있다고 생각한다. 단지 일부 열혈 지지자들이 주장하는 것처럼 이 검사가 과학적으로 검증된 도구라고 보기는 어렵다는 말씀을 드리고 싶다.

네 개의 선호 축과 열여섯 유형의 성격

그렇다면 심리학에서 MBTI를 심리학적 검사도구로 보지 않는 이유는 무엇일까? 답부터 말하자면, 검사가 심리학에서 선호하는 성격 검사의 개발 공식을 따르지 않았기 때문이다.

심리학에서는 성격 검사를 설계하기 전에 그 검사의 바탕이 되는 성격 이론부터 정비한다. 이미 심리학적으로 타당성을 인정받고 있는 기존의 성격 이론을 그대로 사용하거나 자신만의 이론 체계를 증명하는 작업을 선행해야 하는 것이다.

물론 MBTI는 그 유명한 칼 융의 성격 이론을 기반으로 하였다고 주장한다. 실제 융은 내향성이나 외향성같이 이 검사의 핵심을 이루는 성격 이론을 언급한 바가 있다. 하지만 MBTI는 융의 관점을 훨씬 뛰어넘는 가히 혁신적인 시도를 한다.

바로 네 가지 축으로 구성되는 심리 유형이란 관점이다. 인간의 성격은 양극단을 가지는 네 가지 축에서 각기 한 가지의 선호를 갖는데, 이 조합은 총 열여섯 개가 된다는 것이 이들의 주장이다.

여기서부터 심리학자들에게 불편한 대목이 본격적으로 출몰하기 시작한다. MBTI는 정보 수집 기능으로 상반된 감각(S)과 직관(N)이 존재한다고 한다. 의사결정 기능으로는 사고(T)와 감정(F)이 존재한다고 한다. 정보 수

집과 의사결정은 완전히 다른 영역인 것처럼 보이지만 개별 기능의 정의를 보면 직관력이 뛰어난 사람이 자연스럽게 분석적이고 논리적으로 될 가능성이 높다. 실제 연구에서도 N과 T는 높은 관련성을 보이는 것으로 나타난다.

이런 식으로 MBTI의 선호축을 풀어가다 보면, 자연스럽게 I는 N, T와 결합되는 반면, E는 S, F와 만나기 쉬워진다. 나와 내 아내는 MBTI 분류에 따르면, 정확하게 INTP와 ESFJ로 분류된다. 이런 식이라면 굳이 네 개의 선호 축으로 열여섯 유형의 성격을 구별할 필요가 있을까 하는 생각에 미친다. 조금 다른 식으로 개발했다면 훨씬 적은 유형으로 성격을 설명할 수도 있었겠다는 반론이 가능한 것이다.

사람의 성향은 양극단으로 나뉘지 않는다

MBTI를 설계한 이들의 가장 용감한 발상은 인간의 성격이 선호축의 양극단으로 나뉜다는 가정이다. 마치 외향성(E) 인간과 내향성(I) 인간이라는 두 부류의 인간이 존재하는 것 같은 인상을 주는데, 이 주장이 맞으려면 한 가지 증거가 필요하다. 이 검사를 실시했을 때 실제로 많은 이들의 점수가 선호축의 양극단으로 갈라져야 한다는 것이다. 그런데 현실은 그렇지 않다. 대부분의 사람들은 양극단이 아닌 중간 점수에 모여 있다는 것이다. 그럼에도 불구하고 검사는 어느 한쪽에 맞게 응답한 문항이 단 하나만 많아도 '당신은 이 유형입니다!'라는 판정을 하게 된다. 내향성 문제에 '그렇다'라고 대답한 것에 비해 외향성에 답한 점수가 단 1점만 높아도 이 사람은 외향성의 인간이 되는 것이다.

학교 상담실에서 MBTI를 해석해주다 보면 학생들은 혼란스러운 반응을 보인다. 자기는 분명 사고형의 사람인데 왜 감정형으로 나온 것인지 모르겠다고 당황하며, 이 황당한 상황에 대해 그럴듯한 해석을 더하면서 자신은 주로 친한 사람들을 만나면 감정형이 되고 낯선 이들과 있을 때는 사고형이 되는데 요즘 친구들을 많이 만나서 그런 것 같다는 창의적인 답을 내놓기도 한다.

유형 검사의 함정

이런 비약과 지나친 일반화는 '유형(type)' 검사라면 피할 수 없는 혼란이다. 인간의 행동 경향이나 선호라는 것이 무 자르듯 갈라질 수 있는 게 아니기 때문이다.

중식당에서 짜장면을 자주 시킨다고 내가 짜장면

형 인간이 되는 것은 아니다. 옆 사람이 짬뽕을 먹는 모습을 보며 수십 번 후회를 하는 게 사람이다. 그저 상대적으로 짜장면을 좋아하는 것일 뿐이지 그것으로 주변 사람들이 내 의사는 묻지 않고 중식당에 갈 때마다 짜장면을 시켜 놓는다면 나는 마음이 크게 상할 것이다.

이를 보완하기 위해 MBTI 전파자들은 '주기능', '부기능' 이런 개념들을 추가시키고 있다. 그 말인즉 선호축이 처음의 의도대로 완전히 극단으로 갈릴 수 없다는 것이다. 그러나 이런 개념들은 융의 성격 이론과 큰 관련이 없을 뿐 아니라 부기능의 타당성에 대한 학술적 근거도 부족하다.

물론 이러한 한계를 MBTI만의 문제라고 볼 수는 없다. 인간의 성격을 유형으로 나누려는 모든 시도들이 가지고 있는 근본적 한계이다. 성격심리학자들은 인간의 성격이 유형적이라기보다는 연속선상에 존재한다는 데 의견을 모으고 있다. 심리학계에서 성격을 측정하기 위해 가장 보편적으로 사용되는 다섯 요인 성격검사의 경우도 개인은 다섯 가지 성격 요인에서 각기 다른 정도의 점수를 받을 뿐 특정 유형으로 구분하지 않는다.

신뢰도 문제

또 한 가지 생각해볼 부분은 MBTI 검사의 신뢰도이다. 한 사람의 성향을 측정하는 검사라면 그 결과가 쉽게 달라지지 않아야 할 것이다. 성격검사를 하는데 그 결과가 매주 달라진다면, 이것은 그 사람이 다중인격이거나 검사에 결함이 있다고 봐야 할 것이다. 우리는 성격이 쉽게 변하지 않는다는 합의를 하고 있기 때문이다.

신뢰도란 성향을 반복 측정했을 때 얼마나 일관된 결과를 보이는지에 대한 지표이다. 유감스럽게도 MBTI의 신뢰도는 높지 않다.

미국의 저명한 성격심리학자 제리 위긴스(Jerry S. Wiggins)는 MBTI 검사 유형이 유지되는 정도를 반복적으로 검증해보았지만 동일한 유형이 다음 검사에서 유지되는 경우가 50퍼센트 남짓이었다는 것을 확인했다. 반은 같고 반은 다르다는 얘기다.

자신의 유형이 지난달엔 뭐였는데 이번엔 무엇으로 바뀌었다는 사연을 인터넷상에서도 일상의 대화에서도 어렵지 않게 만날 수 있다. MBTI 검사 결과가 매우 가변적이라는 것을 증명하는 사례들이다.

역시 INTP는 ESFJ와 맞지 않아!

MBTI는 심리학이 하나의 검사를 설계할 때 매우 중시하는 이론적 개념의 정교함, 신뢰도와 타당성을 충분히 고려해 고안한 검사는 아니다. 아마도 측정의 정확성보다는 유형을 통해 자신의 성격을 더 쉽게 이해하도록 하는 데 목적이 있었던 듯하다.

나는 이 검사를 통해 자신을 더 잘 이해하고 큰 도움을 받았다는 사람을 많이 만나보았다. 그들의 경험은 그 자체로 소중하다. 다만 이 검사를 '내'가 아닌 '타인'을 이해하기 위해 사용할 때는 보다 세심한 주의가 필요하다는 점이다.

우리는 사회생활에서 자신과 비슷한 부류의 사람을 찾기 위해 부단히 노력하는 경향이 있다. 처음 만나는 사람의 고향을 묻고 출신 학교를 확인하는 등이 대표적인 행동이다. 공유할 수 있는 기억이 있다는 것은 서로의 관계를 친밀하게 하는 데 도움이 되기 때문에 이는 지극히 자연스러운 행동이다. 같은 성격의 사람을 찾고 싶은 마음도 비슷하리라 생각한다.

그런데 만일 고향과 출신 학교가 서로 간의 친목을 다지는 기능을 넘어서서 같은 지역과 학교를 나오지 않은 사람들을 차별하고 배제하는 데 사용된다면 어떨까? 이로 인한 폐해를 우리는 이미 오래전부터 경험하고 있다.

MBTI의 용도도 마찬가지라고 생각한다. 서로의 성격 유형을 알아가며 이해를 높이고 친해지고자 한다면 바람직한 일이다. 하지만 특정 유형에 대해 편견을 형성해서는 곤란하다. 한 회사의 대표가 이 검사에 너무 심취한 나머지 성격 유형으로 신입사원을 선발하려 한다는 이야기를 전해 들은 적도 있다.

타인의 장단점을 파악하기 위해서는 오랫동안 그 사람과 시간을 보내보는 것 외는 뾰족한 수가 없다. MBTI가 여러분의 삶에 즐거움을 주는 역할만 하기를 바란다. 그리고 이 검사의 인기는 실로 대단한 것 같다. 아무리 아니라고 해도 아내는 오늘도 내게 이렇게 말했다.

"역시 INTP는 ESFJ와 맞지 않아!"

복지 수준이 높아지면 자살률이 높아질까?

동화의 나라, 산타클로스의 나라, 겨울왕국, 복지 수준이 높은 나라, 숲의 나라. 북유럽과 연관된 이미지는 무언가 환상적이고 아름답다. 천국을 현실 속에 구현한 듯한 이 멀고 낯선 동경의 세계….

하지만 스스로 보수주의자라 주장하는 일부 인사는 북유럽의 이런 긍정적 이미지에 크게 반감을 보이기도 한다. 힘들게 번 돈을 세금으로 다 빼앗는 나라다, 물가가 살인적이다, 복지를 너무 많이 해주다 보니 자살률이 높다, 뭐 이런 식의 악평이다. 물가가 비싸고 세금을 많이 떼는 것은 몸소 체험한 일이다. 물론 국민소득이나 복지

혜택을 고려하면 이것이 진짜 문제인지는 좀 더 생각해볼 일이지만 말이다.

하지만 가장 마지막 지적, 북유럽의 자살률이 높다는 것은 아무래도 심각해 보인다. 지상 천국인 나라에서 자살하는 사람이 많다는 것은 무언가 크게 모순된 일이기 때문이다.

북유럽, 비극, 그리고 팩트 체크

복지 혜택으로 인해 자살률이 높고 국민들이 살아갈 이유를 찾지 못한다는 주장은 납득하기 어려운 측면이 있다. 내가 북유럽에 갔을 때 가장 인상적이었던 장면은 장애인들이 장애가 없는 친구들과 너무나 편안하게 공원을 산책하고 다니는 모습이었다. 그들의 행동은 당당했고 표정은 편안하기에 그지없었다. 그런 장면은 다른 어떤 나라에서도 보지 못했기에 적잖이 충격적이었다. 장애인 이동권 문제로 여전히 시끄러운 우리나라의 사정을 생각하면 더욱 그렇다. 이토록 부러운 장면은 물질적 복지와 정신적 복지가 함께 갖춰진 나라에서만 가능한 일이라고 감탄했던 기억이 생생하다.

여기서 한 가지 팩트 체크부터 하고 넘어가야 할

것 같다. 북유럽 국가들은 실제로 자살률이 높을까?

2020년 발표된 'OECD 국가별 10만 명당 자살자 수에 대한 통계'를 살펴보자. 북유럽 국가 중엔 핀란드가 9위, 스웨덴이 13위, 노르웨이 15위, 덴마크는 25위이다. 대한민국이 무려 1위를 달리고 있다는 것을 보면 이 주장이 얼마나 터무니없는 왜곡인지를 알 수 있다. 설마 대한민국의 복지 수준이 세계 최고이기 때문에 자살률이 1위가 되었다고 주장할 사람은 없을 것이다.

북유럽의 자살률은 높지 않다. 오히려 중하위권이라고 보는 편이 팩트에 가깝다. 물론 그렇게 비판을 할 수는 있을 것이다. 왜 최고의 복지 투자를 하고도 자살률이 최하위가 아닌 것이냐, 자살률 최하위를 달리는 터키, 그리스, 멕시코는 복지 혜택으로 유명한 나라가 아니지 않은가. 하지만 한 나라의 자살률을 결정하는 요인은 단순하지도 명료하지도 않다. 경제·사회·문화·기후적 요인 등이 복잡하게 상호작용하기 때문이다.

긴 밤의 영향에 대한 가설

한동안 북유럽 사람들의 자살률이 높을 것이란 가짜 뉴스를 팩트로 전제하고 그 이유에 대한 여러 변호가 시도

되었다. 대표적인 사례가 '긴 밤의 영향에 대한 가설'이다. 이 지역의 겨울이 워낙 길다 보니 해를 볼 수 없는 기나긴 밤이 높은 자살률의 이유일 것이라는 생각이다.

하지만 실제 북유럽의 자살률은 겨울이 아닌 여름에 더 높다. 일조량 부족이 자살을 유발했을 것이라는 주장은 여름에 정점을 찍는 자살률에 대한 유효한 설명이 되기는 힘든 듯하다. 어두운 겨울이 장기간 지속되는 북유럽의 환경이 자살을 유발한다는 것에 대해서는 현재 과학적 근거가 부족한 상황이다.

물론 계절성 우울증을 앓고 있는 일부 환자에게는 일조량이 부족한 북유럽의 겨울이 위험한 환경으로 작용할 수 있다. 상당수의 북유럽 나라는 이런 이들을 돕기 위해 공공장소에 광치료 시설을 적극적으로 설치하고 있을 정도다.

에밀 뒤르켐의 자살 연구

북유럽의 자살률이 높지는 않지만 그렇다고 최하위도 아닌 이유에 대한 설득력이 있는 가설 중의 하나는 종교와 관련되어 있다. 북유럽의 대표적인 종교는 개신교이다.

자살률에 미치는 사회문화적 요인의 중요성을 강

조했던 프랑스의 사회학자 에밀 뒤르켐은 국교가 서로 다른 나라의 자살률을 비교해보았다. 그의 연구에 따르면, 개신교 국가에서는 평균 10만 명당 열아홉 명의 자살자가 발생한 반면, 가톨릭 국가에선 여섯 명, 그리스 정교 국가에서는 단지 네 명에 불과했다.

　　에밀 뒤르켐은 개인의 역할을 중시하고 집단의 통합에 큰 관심을 보이지 않는 개신교 계열 사회에서는 교회와 지역사회의 긴밀한 연결을 강조하는 구교 사회보다 높은 자살률이 나타날 수 있다고 해석했다. 게다가 가톨릭이나 그리스 정교의 경우, 자살에 대한 입장이 훨씬 더 부정적이라는 점을 부각했다. 보수적인 신앙관을 강하게 공유하는 사회에서 자살의 시도 비율은 낮아질 수도 있을 것이다.

　　그런데 이런 식의 통계자료를 해석할 때는 주의해야 할 점이 있다. 각 변수의 상관성은 다른 변수의 영향 때문에 나타났을 가능성을 배제할 수 없기 때문이다. 가톨릭이나 그리스 정교를 믿는 나라는 개신교 지역에 비해 교육 수준이 낮고 소득 수준도 낮은 경향이 있다. 북유럽을 비롯해 영국, 네덜란드, 스위스와 같은 개신교 지역은 대부분 국민의 평균 교육 수준과 경제적 수준이 높다. 따라서 자살률의 차이는 종교의 차이에 따른 것이라기보다

◆♦

다른 요인을 반영하고 있을 가능성이 있는 것이다.

뒤르켐도 이 점을 주목하고 있었다. 동일하게 가톨릭을 믿는 이탈리아 지역의 자살률을 비교해보아도 상대적으로 교육 수준이 높은 지역의 자살률이 더 크게 나타났기 때문이다. 실제 여러 통계자료는 교육 수준이 높고 상대적으로 대우가 좋은 직업을 가진 이들에게서 더 높은 자살률을 보여준다. 국가 간 자살률의 차이를 종교의 영향만으로 단정하기 어려운 이유이다.

덴마크와 핀란드의
우울증 조기 진단과 치료 정책

다시 한번 강조하지만, 북유럽 국가들의 자살률은 결코 높은 수준이 아니다. 하지만 개인주의적이고 지역사회의 역할이 약한 북유럽의 특성, 국민들의 높은 교육 수준과 높은 소득, 밤이 긴 겨울의 특성이 일부 우울증 환자들에게 미칠 영향들은 모두 이 지역 사람들의 자살 위험성을 높이는 조건이다. 어쩌면 복지에 저렇게 투자를 하는데도 자살률 최저 수준에 이르지 못하는 것을 비판하기보다는, 자살에 취약한 조건에 처한 국민의 생명을 지키고 행복을 증진시키는 데 복지 시스템이 중요한 역할을 하고 있다고 거꾸로 해석해야 할 수도 있을 것이다.

물론 열심히 일하지 않는 사람에게 공돈을 주는 것이 인간의 행복을 증진시키거나 자살률을 낮춘다고 볼 수는 없다. 하지만 복지는 단지 일하지 않는 자에게 소득을 보장해주는 행위만을 말하는 것이 아니다. 보다 더 중요한 복지혜택은 신체적 질환이나 정신적 문제를 경험하는 사람들이 부담을 느끼지 않고 치료받을 수 있는 기회를 수월하게 제공하는 것이다.

1980년에서 2000년 사이 덴마크의 자살률이 거의 3분의 1로 감소했던 시기가 있다. 당시 덴마크의 고틀란드 지방에서는 지역에서 근무하는 일반의들에게 우울증을 조기에 진단하고 치료할 수 있는 훈련을 제공하여 지역 자살률을 크게 낮춘 성과를 얻기도 했다. 집중적인 우울증 관리가 우울증 치료제의 처방률을 높이는 결과를 가져오기도 했다. 이런 사실을 일부 보수성향 인사들은 덴마크식 복지의 '실패 증거'로 제시하기도 했다. 하지만 특정한 병을 치료하기 위해 치료제를 적극적으로 활용한 것을 복지의 실패로 제시하는 것이 합리적이라고 보기는 어렵다. 왜냐하면 드라마틱하게 감소한 자살률은 정부가 적극적으로 우울증 치료에 개입한 것이 옳았음을 증명하고도 남기 때문이다.

비슷한 사례는 북유럽의 또 다른 복지국가 핀란드에서도 찾을 수 있다. 1990년대 초반부터 중반까지 항우울제 처방의 증가는 자살률 감소라는 결과로 나타났다. 흥미로운 사실은 1990년대가 핀란드에서는 심각한 경기침체가 나타나던 시기라는 점이다. 소련의 붕괴는 서방측 최대 교역 파트너였던 핀란드 경제에 심각한 타격을 미치게 된다.

일반적으로 경제 위기는 자살률 증가의 주요 요인이다. 기존의 안정적이던 사회구조 전반의 질서를 뒤흔들기 때문이다. 이런 엄혹했던 시기에도 핀란드의 자살률은 오히려 감소했다. 물론 이 현상을 적극적 우울증 치료의 공으로만 돌리는 것은 무리다. 다만 심각한 경제 침체의 시기일수록 국민의 정신건강을 더 적극적으로 챙겨야 할 하나의 이유는 될 수 있을 것이다.

복지가 자살을 부른다는 터무니없는 주장에 반대하며

교육 수준과 소득 수준이 높고, 도시화의 진행 정도가 높은 데다 개인주의적 성향을 가진 나라들의 자살률은 대체로 높은 편이다. 더구나 북유럽은 겨울이 길다. 모두에게 영향을 주는 것은 아닐지 몰라도 계절성 우울증에 취약한 이들에게는 분명 위험한 자연조건이다. 그런 조건에도 불구하고 OECD 국가 중 낮은 자살률을 보인다는 것은 높이 평가할 만한 성과라고 하겠다.

정반대에 가까울 정도로 복지에 취약한 대한민국이 최고의 자살률을 보이고 있다는 것은 복지가 자살을 부른다는 주장이 얼마나 터무니없는 것인지를 방증한다.

물론 일하지 않은 사람에게 과도한 재정적 지원을 하는 것이 옳은 일이냐에 대해서는 충분히 논쟁이 가능할 것이다. 하지만 가장 중요한 복지국가의 조건에는 국민의 건강을, 그것도 마음의 건강까지 적극적으로 챙기는 행정이 포함되어야 마땅하다.

마음이 불편한 사람들이 당당하게 병원이나 심리치료센터를 부담 없이 찾을 수 있고, 이를 위해 충분한 휴가를 보장받을 수 있는 나라를, 국민을 게으르게 만드는 나라라고 비난할 수 있을까? 나는 대한민국이 하루빨리 그런 나라가 되기를 바란다. 생명은 세상 그 무엇보다 소중하다.

일찍이 우리 집안에 이런 아이는 없었다!

정신건강의학과 소아청소년클리닉에 있다 보면 환아의 부모 면담을 해야 할 일이 자주 생긴다. 아동이 스스로 자신의 정신건강 상태를 정확하게 보고하기는 어렵기에 아이를 지근거리에서 지켜보는 보호자의 말은 진단에 중요한 정보가 된다.

흔한 일은 아니지만 보호자로 환아의 할머니가 오시는 경우가 있는데 이때 관용구처럼 자주 듣게 되는 말이 있다. 바로 "우리 집안에는 이런 문제를 가진 아이가 없었어요"라는 말이다. 결국 시댁의 누구도 아이가 가진 문제와 비슷한 문제를 가진 사람이 없으니 부계 쪽 영향은 없다는 말인데, 그렇다면 결론은 한 가지로 귀결된다. 이 모든 불행은 모계에서 내려온 것이라는 말이다. 온전한 우리 집안 사람이 아닌 위험한 '다른' 집안의 피가 섞였기 때문에 생긴 문제인 것이다.

씨족의 배타성

내 씨족이 아닌 사람을 위험하게 여기는 관습은 아마 수천 년도 넘게 이어져왔을 것이다. 내 씨족이 아닌 사람이 병원균을 전할 경우 씨족은 몰살의 비극을 피하기 어려웠다. 결국 나와 다르게 생긴 집단원을 경계하고 피하는 습성을 가진 종족만이 이 땅에서 생존해 번성했을 것이라는 추론이 가능하다. 진화론적으로 본다면 나와 다른 집안의 사람을 경계하는 것은 지극히 정상적인 현상이다.

하지만 씨족의 배타성이 유일하게 적용되지 않은 부분이 있으니 바로 혼인에 있어서다. 오래전부터 근친상간은 범세계적으로 터부시되었으며, 우리 민법에서는 아예 8촌 이내 근친혼을 금지하고 있다. 이는 종의 다양성이 환경에 대한 적응을 돕고 생존 확률을 높인다는 것을 경험을 통해 알았기 때문이다. 극단적인 근친혼과 그에 따른 희귀병으로 끝내 비극적 결말을 맞은 합스부르크 가문의 예는 족외혼이 왜 필요한지를 잘 보여주는 사례이다.

인간은 스스로의 생존을 위해 족외혼을 선택했다. 하지만 낯선 것에 대한 두려움은 여전하다. 위안이 되는 점이 있다면 태어난 아이의 대부분은 분명 아버지와 닮은 구석이 있다는 것이다. 인간은 자신과 닮은 존재에 대해 거의 자동적인 호감을 느끼기에 그런 아이는 사랑스럽다. 문제는 기대하지 않았던 이상행동이 자녀에게 나타날 때다. 가부장제 사회에서 아이의 문제가 다수파인 시댁의 문제라고 쿨하게 인정하기는 쉽지 않다. 화살은 소수파인 며느리에게 돌아간다.

성격의 상당 부분이 선천적인 것

이 논란에 대해 합리적인 해답을 얻기 위해서는 유전에 대한 이해가 필요하다. 인간의 생식세포는 스물두 개의 상염색체와 한 개의 성염색체로 구성된다. 남녀의 결합은 이 스물세 개의 염색체가 쌍으로 결합하는 것을 의미한다.

이 과정에서 부모 모두에게 혹은 어느 한쪽에서 물려받은 유전자 이상으로 인해 자녀에게 심각한 질병이 발생되는 경우가 있다. 적록 색맹, 백색증, 근무력증 등의 질환은 이런 식으로 나타난다.

　물론 이런 질환의 대부분은 정신과 현장에서 발견할 수 있는 문제가 아니기 때문에, 앞에서 말한 시어머니의 문제제기와는 아무런 관련이 없다. 모계에 의해서만 유전되는 질환이 아님은 말할 것도 없다.

　정신과에서 발견되는 소아·청소년 질환의 대부분은 사실 그 원인에 대해 확실히 밝혀진 것이 없다. 성격이나 행동 특성 역시 마찬가지다. 현재의 과학 수준으로는 정확히 무엇 때문에 특정 행동이나 문제가 나타나는지를 알지 못한다. 지금 할 수 있는 말은 문제가 발생된 이유의 상당 부분이 여러 유전자와 환경의 복잡한 상호작용에 의한 것이라는 것뿐이다.

　통계적으로 보면 자녀에게 부모와 같은 질환이나 행동 특성이 나타나는 확률이 높기는 하지만, 그렇다고 항상 그런 것은 아니다. 때문에 부모가 물려준 기질을 무력화시킬 수도 혹은 더 악화시킬 수도 있는 후천적 요인이 있는 것으로 보인다.

　성격에 대한 심리학적 연구들을 살펴보면, 성격의 상당 부분이 선천적인 것임을 알 수 있다. 이는 유전적으로 동일한 성향을 가진 일란성 쌍둥이와 동일한 환경만을 공유하는 이란성 쌍둥이의 성격을 비교한 결과에서 잘 나타난다. 특정 성격의 개인차는 선천적 요인에 의해 80퍼센트 이상 결정된다고 한다.

그에 비한다면 환경이 미치는 영향은 상대적으로 미미하다. 물론 한 가지 주의해야 할 점이 있다. 일란성 쌍둥이가 같은 성격을 보이는 이유를 단지 유전의 영향으로만 볼 수는 없다는 점이다. 외모를 구분하기조차 어려운 쌍둥이가 받았을 환경적 영향이 연구 과정에서 완전히 계산되기는 어렵기 때문이다.

모계의 유전적 영향이
부계보다 강하다는 증거는 어디에도 없다

기존 연구의 한계를 고려하더라도 아이가 보이는 문제 행동이나 심리 장애에 부모의 유전적 정보가 영향을 미쳤을 가능성은 상당하다. 하지만 명심해야 할 점은 그 어떤 문제에도 모계에 의한 유전적 영향이 부계에 의한 영향보다 강하다는 증거가 없다는 것이다.

아이에게 어떤 문제가 나타났다면 그 생물학적 영향은 아버지 때문일 수도 있고 어머니 때문일 수도 있다. 어쩌면 두 사람 모두의 영향일 수도 있다. 우리 아들은 그런 문제가 없으니 이건 모두 며느리 집안의 내력이라고?

하지만 이런 주장을 하는 가정의 어머니가 자녀와 같은 심리 장애를 보이는 사례 역시 드물다. 아버지도 어머니도 겉으로 보기엔 다 문제가 없어 보인다.

유전되는 것은 병 그 자체라기보다는 그 병에 잘 걸릴 수 있는 기질이나 성향이다. 아버지나 어머니가 그 병이 없다고 해서 문제의 소인을 가지고 있지 않다고 볼 수는 없다.

내가 오랜 시간 연구하고 있는 조울병은 무엇보다도 유전의 영향이 강한 병이다. 부모 중 한 명이 환자인 경우 자녀의 발병 가능성은 상당히 높아진다. 그렇지만 그것이 100퍼센트는 아니다. 조울증 환자의 자녀 중에도 발병하지 않는 경우가 있고, 본인은 환자지만 부모님 모두 전혀 기분장애를 경험한 적이 없는 경우도 허다하다.

하지만 무시 못 할 현상도 발견된다. 발병하지 않은 자녀나 부모에게서도 약물남용, 충동성, 감정 조절 문제 등이 흔하게 발견되기 때문이다. 발병에 이르는 데에는 여러 가지 환경적 악영향이 힘을 보탰겠지만 이들 가족은 어느 정도의 조울증 성향을 공유하고 있다.

취약성—스트레스 가설

결국 아이가 특정 문제를 가지고 있다면 그것의 근본 원인은 부모 양측에서 찾아볼 수 있다. 그리고 환자 부모에게서 정상 자녀가 있을 수 있듯이 문제의 완성을 위해서는 부정적 환경이라는 화룡점정이 필요하다.

이런 이유로 심리학에서는 정신과적 장애의 발생 메커니즘을 '취약성—스트레스 가설'로 설명한다. 유전적인 혹은 임신 기간의 영향 등으로 인해 인생의 초기부터 보유한 취약성이 이후 삶에서 강력하고 반복적인 스트레스를 만나 정신과적 문제로 발전한다는 것이다. 현재로서는 검사를 받아도 실체를 규명하기 어려운 유전적인 문제가 어디서 왔는지를 따지기보다는 이후의 스트레스 예방에 관심을 기울여야 하는 이유이다.

물론 아이가 받게 되는 스트레스의 상당 부분은 부모가 자녀를 양육하면서 느끼는 스트레스의 영향이다. 여전히 자녀 양육 책임의 상당 부분을 여성이 떠안고 있는 상황이기에 아동의 스트레스에서 어머니가 차지하는 비중은 클 수밖에 없다.

그렇다면 어머니의 문제 때문에 아이의 문제가 발생된다는 주장은 어느 정도 타당한 것일까? 그렇지는 않다. 우리가 주목해야 하는 것은 어머니의 양육 스트레스가 어디에서 오는가이다. 어머니가 받게 되는 스트레스 중에서도 대표적인 것이 남편이나 시어머니로부터 받게 되는 시댁 관련 스트레스들이다. 고부간의 갈등은 자녀의 심리적 웰빙 수준을 낮출 뿐 아니라 학교생활 적응에도 악영향을 준다는 연구 결과를 쉽게 찾을 수 있다.

처가는 외계인이 아니다!

이제 처음의 질문으로 돌아가 답을 해보려 한다. 아동의 문제와 유사한 문제를 겪은 사람이 시댁 식구 중에 없었는지를 판단하는 것은 기술적으로 매우 난해한 일이다. 20세기 초중반은 아동기의 심리 장애를 정확히 진단할 기준도 검사도구도 충분하지 않던 시기다. 문제가 있었어도 발견되지 않았을 가능성이 크다. 특히 그 문제가 발병 수준이 아닌 행동 경향성 정도였다면 그 영향을 자각하는 것은 거의 불가능에 가깝다. 자기 편의 문제에 대해 민감하기란 힘들다.

아이가 병원 치료를 받아야 하는 지경에 이르렀다면 이 시점에서 어느 집안의 영향인지를 따지는 것은 실용적이지도 않다. 정신과 장애에 대한 유전자 치료가 부

◆◆

재한 지금 집중해야 할 것은 아이에게 가해지고 있는 부정적 환경의 무게이다.

아이가 자라는 환경의 개선은 아이의 심리적 상태에 빠르고도 강력한 변화를 불러온다. 어머니의 양육 스트레스에서 시작된 유아의 문제 행동을 완화시키는 데 아버지의 양육 참여가 중요한 기여를 할 수 있다는 연구 결과를 주목해야 한다. 누구 탓을 할 것이 아니라 가족이 서로를 도우며 문제를 해결해야 하는 것이다.

남의 집 자식이 가져올 유전자가 두렵다면 근친혼으로 복귀해야 할 것이다. 그것이 옳은 선택이 아님은 누구나 알고 있다. 유전적 다양성은 그 종의 경쟁력을 의미한다. 인간에게 문제가 있다면 서로 유전적 정보가 달라서가 아니라 너무나 비슷해서이다.

다르다는 건 얼마나 귀한 일인지
강 하나만 건너도 벌써 다른 낯선 말투들
다르다는 건 얼마나 슬픈 일인지
다르다는 이유로 사라져버린 많은 것들

— 김목인, 「다르다는 건」 중에서

인간은 유전적 다양성이 다른 종에 비해 턱없이 부

족하다. 사실상 아무것도 다르지 않은 처가의 유전적 정보를 의심하지 않기 바란다. 처가는 외계에서 이주한 이들이 아니다.

새에겐 둥지를, 거미에겐 거미줄을,

인간에겐 우정을.

— 윌리엄 블레이크, 『지옥의 잠언』 중에서

화가이자 시인이었던 윌리엄 블레이크가 노래한 것처럼, 인간에겐 박애가, 사랑이, 우정이 새의 둥지이자 거미의 거미줄이다. 우리에게 포용이란 사치품이 아니다.

PART II

대중의 과잉 해석과
지식의 유통기한

Psychologically speaking

만족 지연이
정말로
성공을 보장할까?

인내는 쓰고 열매는 달다! 이 오래된 금과옥조(金科玉條). 그러나 인내가 늘 달콤한 열매를 맺는 것은 아니다. 그 증거는 살아갈수록 차고 넘친다. 게다가 운동장이 기울어져 있다면, 출발선이 다르다면, 규칙이 무시되고 편법이 자행되고 묵인된다면, 이때에도 인내는 성공의 왕도로 추앙받을 수 있을까.

어느 날 지인의 집에 방문했을 때의 일이다. 아이에게 맛있는 간식을 눈앞에 두고 참고 기다리도록 지시하는 어머니의 다소 충격적인 모습을 목격했다. 지금 뭘 하고 있는 것인지 물으니 아이가 훗날 성공할 수 있는 자질을 키우기 위해 훈련을 시킨다고 답하였다.

　　이 집에 '마시멜로 실험'이라는 유령이 배회하고 있었던 것이다. 어머니는 마시멜로 실험은 미국 유명 대학에서 연구로 입증된 것이 아니냐며 심리학자인 내 앞에서 눈빛을 반짝였다. 그렇다. 그런 실험이 있었다. 훌륭한 학자님들께서 수행하신 역사적인 연구이니 틀렸다고 말할 수는 없다. 문제는 마시멜로 실험의 대의를 이해하지 못한 채 쏟아져 나오는 자녀교육서와 자기계발서 들이다. 자녀 양육 전문가로 매스미디어에 이름이 난 선배 교수가 좋은 어머니가 되는 조건으로 첫 번째 꼽는 원칙이 있다. "절대 자녀교육서 읽으며 아이를 키우지 말아라."

아이의 사회적 성공과 실패를 예측하다

스탠퍼드대학교 월터 미셸(Walter Mischel) 교수 연구팀의 실험은 간단했다. 아이를 실험실에 데려와 탁자 앞에 앉힌다. 그리고 마시멜로 한 개를 아이 앞에 놓아둔다. 실험자는 문을 열고 밖으로 나가며 이렇게 말한다. "이거 안 먹고 참고 있으면 한 개 더 먹을 수 있단다." 15분 뒤 돌아왔을 때 아이가 마시멜로를 먹지 않고 참았다면 아이는 실제로 한 개를 더 먹게 된다. 참 단순한 실험이다. 어떤 아이들은 실험자가 나가자마자 즉시, 혹은 안타깝게도 15분을 채우지 못하고 마시멜로를 먹어버렸다. 물론 끝까지 잘 참아서 두 개를 받은 아이들도 있었다. 한 개만 먹어도 지구를 한 바퀴는 돌아야 그 칼로리를 소모할 수 있다는 마시멜로를 과연 두 개씩이나 기다려서 먹어야 할지에 대한 의문은 잠시 접어두도록 하자.

이 실험이 큰 파장을 일으킨 것은 10년이 넘는 기간 동안 실험에 참가한 아이들의 성장을 추적한 연구결과가 나오면서였다. 당시 마시멜로의 유혹을 잘 참아낸 아이들은 그렇지 않은 아이들에 비해 뛰어난 스트레스 인내력을 가지고 있었으며, 학업 성적과 미국의 대학입학 자격시험인 SAT 점수도 더 높은 것으로 나타났기 때문이다. 연구는 뜨거운 관심과 함께 커다란 파장을 일으켰다. 세계 3대 과학 저널 중 하나인 《사이언스(Science)》, 그러니까 과학자가 전생에 나라를 구해도 논문 한 편을 투고하기 어렵다는 바로 그 전설의 학술지에 이 연구가 게재된 것이다.

그리고 어린아이일 때 이미 사회적으로 성공할 아이를 예측할 수 있다는 이 주장은 학계에 센세이션을 불러일으킨다. 후천적인 교육의 역할을 신봉하던 많은 교육학자들에게 성공은 이른 시기에 이미 결정된다는 주장은 큰 도전이 아닐 수 없었다.

여기까지는 학계의 반응이고 사회에서의 폭발적 반응은 호아킴 데 포사다(Joachim de Posada)와 엘렌 싱어(Ellen Singer)가 함께 집필한 자기계발서 『Don't eat the marsh-mallow yet!』를 출판하면서 시작된다. 우리나라에서도 『마시멜로 이야기』라는 제목으로 출판이 되어 엄청난 인기를 끌었다.

이 책을 둘러싼 신드롬은 심리학적 연구를 기반으로 집필된 자기계발서의 근본적인 한계를 고스란히 보여주었다. 앞에서 언급했듯이 마시멜로 실험은 참으로 간단하다. 아무리 살을 붙이고 설명을 추가한다 한들 두 페이지를 채우기 어려운 것이 심리학 실험이다. 그런데 이 간단한 실험으로 한 권의 책을 만들려면 실험이 증명할 수 있는 범위를 넘어서는 저자의 해석과 상상이 보태질 수밖에 없다.

이 책을 읽어본 독자라면 이미 알고 있겠지만, 이 자기계발서는 소설의 형태를 띠고 있다. 그야말로 한 개인이 알아두면 좋을 만한 '좋은' 이야기를 담고 있는 책이지, 심리학 연구를 통해 검증된 연구를 다루는 책은 아니라는 것이다.

마시멜로 실험을 비판하는 다양한 근거들

사실 비판적 태도가 충만한 독자들은 마시멜로 실험 이야기가 시작될 때부터 느꼈겠지만, 이 실험 결과 자체에 대해 의문을 품는 심리학자들도 제법 많았다. 그들이 마시멜로 실험에서 가장 큰 문제로 지적하는 부분은 과연 아이들이 학업에서 높은 성취를 이룬 것을 단지 '자제력'만으로, 그것도 고작해야 마시멜로를 15분 참았다는 사실만으로 설명할 수 있겠느냐는 점이다.

뉴욕대학교의 타일러 와츠(Tyler Watts)와 동료들은 이를 검증하기 위해서, 다양한 배경을 가진 아이들을 대상으로 유사한 실험을 진행했다. 기존 실험과 가장 큰 차이가 있다면 아이들이 기다려야 하는 시간을 7분으로 줄여버린 것이다. 분석 결과, 마시멜로를 참고 기다리는 것과 학업 성취의 관련성이 절반 가까이 떨어지는 것으로 나타났다. 아이들의 지능이나 가정환경 등을 반영하면, 인내력과 학업 성취도 사이의 관련성이 낮아진 셈이다.

와츠의 연구팀은 10년도 더 지난 뒤 아이의 성적이 그토록 간단한 개인의 특성으로 결정되지는 않는다는 것을 보여준다. 좋은 성적을 받는 아이들은 대체로 지능이 높고, 상대적으로 더 유복한 가정환경에서 자라는 경향이 있다. 어쩌면 경제적으로 풍요로운 환경에서 자란 아이들은 늘 먹을거리가 풍부했을 수 있다. 애초에 눈앞의 마시멜로 하나를 먹고 싶은 열망이 가난한 환경에서 자란 아이들보다 적을지도 모를 일이다. 더구나 어른들의 지시를 잘 따랐을 때 충분한 보상을 받고 자란 아이들이라면 이런 지시에 대한 협조도는 더욱 높았을 것이다. 아이가 머리가 좋다면 어른들이 무슨 의도로 이런 작업을 하는지를 잘 눈치채고 실험에 협조했을 가능성도 있다.

이처럼 영특하고 유복한 환경에서 자란 아이들이 성적도 잘 나오고, 좋은 대학에 진학할 것이다. 마시멜로를 참고 기다린 것은 공부를 잘할 수 있는 다양한 조건을 이미 충분히 누리고 있는 아이가 보인 상징적 행동일 수도 있는 것이다.

한편 아이들이 맛있는 음식을 먹지 않고 기다리기 위해 필요한 전제조건은 실험자에 대한 믿음이라는 주장도 제기되었다. 미국의 심리학자 셀레스트 키드(Celests Kidd)와 동료들은 2013년 발표한 논문에서 마시멜로를 빨리 먹은 아이들은 자제력이 부족하다기보다는 연구원을 믿지 못했기 때문이라고 밝혔다. 무언가를 즉시 취하지 않으면 빼앗겨버리고 마는 환경에서 아이가 자라왔다고 생각해보면, 그나마 무엇이라도 가질 수 있을 때 그것을 빨리 제 것으로 만드는 선택이 남는 장사라는 주장이다. 이런 환경에서 자란 아이들에게 높은 성적을 기대하기란 애초에 힘든 일일 것이다.

실험실과 교실은 다르니까

물론 마시멜로 실험이 100퍼센트 틀렸다고 할 수는 없다. 아주 최근까지도 미셸 교수 연구팀의 실험은 잘못된 것이 아니며, 이후 다른 연구자들의 결과는 그저 다른 실험 조건과 대상에 기인한 차이일 뿐이라고 옹호하는 연구가 출판되고 있기도 하다. 이 실험에 대한 논란은 심리학계에서 여전히 현재 진행형이라고 할 수 있겠다. 다만 '마시멜로 실험의 타당성과 설득력이 어느 정도인가'라는 논쟁과는 별개로 두 가지 사실을 지적하고 싶다.

첫째, 실험은 그저 실험이라는 것이다. 실험은 실험실에서 모든 조건이 통제된 상황에서 진행되는 것이다. 아이에게 기다리는 시간을 조금만 덜 주어도, 다른 지역에서 아이들을 데려와도 실험 결과는 달라질 수 있다는 것이다. 아이의 미래 성적을 좋게 만드는 방법은 너무나도 다양하다. 마시멜로의 유혹을 뿌리친 것 자체를 성공의 조건이라고 볼 수는 없는 것이다. 잘될 아이의 '떡잎'을 알아보게 해주는 간편한 진단 도구라고 생각하는 편이 더 타당할 것이다. 실제로 미셸 교수 연구팀도 이를 강조한 바 있다.

둘째, 실험에서 얻어진 결과는 엄밀히 말해 상관관계일 뿐 인과관계가 아니라는 점이다. 마시멜로의 유혹을 잘 참고 기다린 아이가 더 좋은 성적을 받았을지 모르지만, 마시멜로를 금세 집어 먹은 아이를 다그쳐 수십 분을 참고 기다리는 아이로 만든다고 해서 아이의 성적이 오르지는 않을 것이라는 점이다. 오히려 아이의 심성 발달에는 더 악영향을 줄 것이라 확신하는 바이다.

그래도 성공을 나침반으로 삼고 싶다면

고등학교 시절, 다들 어떻게든 머리를 조금이라도 더 기르려고 애쓸 때 유독 머리를 빡빡 깎고 다니는 친구가 있었다. 친구에게 이유를 물으니 "반에서 1등과 2등을 하는 친구들이 모두 이런 머리를 하고 있잖아"라고 답하였다. 그래서 자신도 성적을 올리기 위해 머리를 그렇게 한다는 것이었다. 분명히 기억하건대, 그 친구의 성적은 졸업 때까지 머리가 길었던 우리 누구보다도 향상되지 않았다. 즉 단정한 헤어스타일과 성적은 상관관계일 뿐, 짧은 헤어스타일이 높은 성적을 만들어낼 수는 없는 것이다.

　　자기 자신에 대한 관조로도 유명한 프랑스의 작가 귀스타브 플로베르의 말처럼, 나는 "성공은 결과이지 목적이 되어서는 곤란하다"고 생각한다. 그럼에도 불구하고 성공을 하나의 나침반으로 삼고 싶다면, 작은 성취에도 스스로를 적극적으로 칭찬하고, 약속하거나 다짐한 일은 꼭 지키기 같은 것을 더 권하고 싶다. 그리고 아이나 주변 사람의 성공을 돕고 싶다면, 그들에게 심신을 편히 쉬게 하고 단단하게 할 수 있는 안정적인 환경을 만들어주고, 그들이 필요로 하는 적절한 뒷받침을 해주면 될 것이다. 그리고 그 노력에 행운이 깃들기를 바라도록 하자.

ᕼᵔᐤᵔᕤ

끔찍한 고통과 시련을 극복하며
성장해야 한다고 말하는
사람들에게

심리학에서는 심각한 신체적 손상을 초래하는 상황이
나 생명에 위협이 될 만한 사건을 경험한 뒤 생길 수 있
는 정신적 문제를 '외상 후 스트레스 장애(post-traumatic stress
disorder)'라고 부른다. 천재지변, 전쟁, 대형사고 등이 주요
원인이지만 고문, 강간, 학대 등도 외상 후 스트레스 장애
의 원인이 될 수 있다. 이 장애는 잠시 나타나는 스트레스
반응이 아니다. 기억, 삶의 의지, 대인관계, 직업생활 등에
장기적이고 심각한 해를 끼치기 때문에 최대한 빨리 전문
가의 도움을 받아야 하는 심리적 문제이다.

　　한때 한국심리학회에서 작은 책임을 맡고 있을 때

의 일이다. 학회의 한 위원회는 국가적 재난을 당한 피해자들과 그 가족들을 돕기 위한 심리적 치료 방안을 논의하고 있었다. 회의 중 몇 명의 교수는 다음과 같은 조언을 남겼다.

> 피해자들의 심리적 고통에 대한 치료보다는 이들이 이 경험을 통해 더욱 긍정적으로 변화될 수 있도록 '외상 후 성장'을 지원해야 한다.

나는 이 표현이 그다지 마음에 들지 않았다. 가족을 떠나보낸 사람들과 친구를 잃고 혼자 생존한 사람들에게 '성장'이라고? 물론 좋은 취지로 말씀하신 것을 모르는 바는 아니다. 하지만 행여나 그런 주장이 외부에 잘못 전달되지는 않을까 노심초사하던 기억이 떠오른다.

외상 후 성장의 증거와 반증

외상 후 성장(post-traumatic growth)은 리처드 테데스키(Richard Tedeschi)와 로렌스 칼훈(Lawrence Calhoun) 두 심리학자가 한 책에서 언급한 뒤로 심리학계의 큰 화두가 된 개념이다. 이것은 인간이 심리적 외상을 경험한 후 단지 회복될 뿐 아니라 심리적으로 성장하는 현상을 말한다. 시련은 고통스럽지만 그것을 극복해가는 과정을 통해 이전의 나보다 훨씬 나아진 자신으로 변화될 수 있다는 것이다. 재난과 시련을 고통의 관점에서만 보지 말고 또 다른 기회로 보자는 이 주장은 해피엔딩을 갈망하는 사람들에게 한 줄기 빛과도 같은 말이었다. 모든 시련에는 의미가 있을 수 있다는 이 주장은 신이 내리는 시련을 하나의 단련과 기회로 여기는 기독교적 세계관과도 잘 맞물리다 보니 독실한 심리학자들에게도 환대를 받게 된다. 이후로 적지 않은 심리학자들이 외상 후 스트레스 장애를 경험한 환자들을 돕기 위한 '성장' 프로그램을 만들어 치료에 적용하기 시작했다.

그렇다면 외상 후에 인간은 더 나은 존재로 성장할 수 있는 것일까? 이 놀라운 프로세스를 신봉하는 사람들은 주로 유명인들의 시련 극복 사례들을 많이 소개하곤 한다. 대표적인 것이 미국의 도로 사이클 선수인 랜스 암스트롱(Lancd Armstrong)의 사례이다. 세계대회 우승으로 승승가도를 달리던 그는 고환암이 전이되었다는 청천벽력 같은 판정을 받게 된다. 하지만 그는 좌절하지 않고 1년이 넘는 투병을 이겨낸 뒤 대회에 복귀해 투르 드 프랑스(세계 최고 권위의 일주 사이클 대회)에서 7년 연속 우승하는 전무후무한

대기록을 남긴다. 이후 그는 명언 제조기가 되었다. "고통은 순간이지만 포기의 여파는 평생이다. 1퍼센트의 희망만 있어도 나는 달린다." 그는 시간을 돌려도 암과 싸운 그 시간을 절대 피하지 않겠다고 말했다. 그 시간의 경험으로 자신은 정말 많은 것을 새로 배우고 성장했다는 말과 함께. 외상 후 성장을 지지하는 학자뿐 아니라, 자기계발 강의를 하는 수많은 강사에게 랜스 암스트롱은 하나의 전설이 되었다.

이후 그는 수많은 기업의 자금 지원으로 재단을 설립하여 자선 활동을 하고 자신의 성장담을 나누었다. 분명 감동적인 스토리임이 틀림없다. 하지만 나에게 랜스 암스트롱의 기억은 그것뿐만이 아니다. 불법 약물의 힘을 빌려 신기록을 만들고, 그 의혹이 불거지자 마녀사냥이라며 여론전을 펼쳤으며, 모든 일이 밝혀져 그간의 수상 기록이 모두 취소되고 사이클계에서 영구 제명된 선수로 더 생생하게 기억된다. 이러니 긍정의 힘을 믿는 심리학자가 되기는 다 틀린 것이다.

'성장'이라 부를 수 있을까?

암스트롱의 미담이 외상 후 성장의 증거가 될 수 없듯이,

그의 쓸쓸한 말로도 외상 후 성장이 틀렸다는 증거가 될
수는 없다. 심리학자들은 보다 더 정교한 방법으로 외상
후 성장에 대해 연구를 진행했다. 우선 외상 후 성장의 증
거를 제시한 논문들에 대한 검토가 진행되었다.

　　다소 비판적인 관점에서 외상 후 성장을 지지하는
연구들을 살펴보면 가장 먼저 발견하게 되는 문제가 바
로 '성장'의 실체가 무엇이냐는 것이다. 많은 연구들은 심
리적 고통을 극복하고 조금씩 일상으로 복귀해가는 모
습, 생존했다는 것에 대한 안도감과 감사함, 주변 사람들
의 소중함을 다시 생각하게 된 점 등을 성장의 증거로 제
시한다.

　　그러나 이런 결과는 대부분 환자 스스로 작성하는
자기 보고형 설문지에 대한 응답 결과이다. 많은 연구가
자기 보고형 설문지를 사용하기는 하지만 환자의 응답이
진실을 얼마나 반영하고 있는지에 대해서는 늘 논란이 따
른다. 한 연구에서는 자기 보고형 설문지의 높은 외상 후
성장 점수가 실제로는 오히려 외상 후 심리적 고통이 증
가한 집단에서 나타나는 특징이라는 충격적인 결과를 보
고하기도 하였다. 이 연구에서 25퍼센트의 사람들은 외
상 경험 후 성장으로 해석 가능한 변화들을 보여줬지만
이들의 삶은 심각한 심리적 고통으로 가득했다. 어쩌면

내가 성장했다는 믿음은 이러한 현실의 고통을 극복하고 싶은 개인의 소망이 발현된 것일지도 모를 일이다.

세월호 참사 생존자의 외상 후 성장을 연구한 국내 연구에서도 의문점을 찾을 수 있다. 생존자들 중 일부를 대상으로 진행한 심층면담 결과에서 연구자들이 성장의 결과라고 제시한 것들은 '잊을 수 없는 기억', '살아남은 자의 고통', '친구 없는 낯선 일상으로의 복귀' 같은 내용들이었다. 분명 이런 경험은 피해자가 일상으로 복귀하는 과정에서 경험하는 의미 있는 것들이다. 하지만 이것을 성장이라 부르는 것이 적절할까? 이것은 오히려 이들이 사고 이후 일상을 회복하기 위해 보이고 있는 힘겨운 투쟁의 모습으로 해석해도 전혀 부자연스럽지 않다. 회복은 존재하지만 그것을 '성장'이라고 불러도 될지는 생각해볼 문제이다.

교통사고로 가족을 잃은 사람들을 대상으로 한 미국의 연구에서도 74퍼센트의 응답자는 외상 후에 어떤 식으로든 조금의 회복은 일어났다고 말했다. 하지만 이들 대다수는 여전히 떠나간 가족에 대한 기억이 고통스럽다고 응답한다. 심지어 80퍼센트의 응답자는 그 사건이 자신의 인생에 주는 어떤 긍정적 의미도 발견할 수 없다고 말한다.

많은 재난과 사고의 생존자들은 심각한 심리적 후유증 속에 살아간다. 그들 중 일부가 고통을 이겨내는 과정에서 자신의 삶에 대해 일부 긍정적인 깨달음을 얻을 수는 있을 것이다. 하지만 그것이 그들의 현존하는 고통을 모두 덮을 만큼 강력하다는 증거는 어디에도 없다.

크고 작은 인생의 파도 앞에서

로미오: 용기를 내게. 상처는 대단치 않네.

머큐쇼: 그렇지. 그건 샘처럼 깊지도 않고, 교회 문처럼 넓지도 않네. 하지만 그걸로 충분하네.

— 윌리엄 셰익스피어, 『로미오와 줄리엣』 중에서

외상을 경험한 인간은 각자의 방식으로 힘겹게 자신의 일상을 회복하고자 노력한다. 물론 그런 과정에서 이전에는 성취하지 못한 심리적 수확을 얻을 수도 있다. 하지만 이런 상황을 가정해 보자. 만일 내가 도박으로 100만 원의 돈을 잃었는데, 열심히 아르바이트를 해서 50만 원을 벌었다면 내 자산은 '성장'했다고 볼 수 있을까? 그냥 이 사람은 힘겨운 회복 과정을 위해 지금도 노력 중이라는 해석이 더 적절할 것이다.

우리는 살아가면서 크든 작든 시련을 피해갈 수는 없다. 그것이 우리의 운명이다. 그리고 우리는 그 시련을 극복해내야 한다. 하지만 외상 후 스트레스 장애를 경험한 사람이 스스로의 노력으로 성장을 이루어내야 할 의무는 없다. 그들은 피해자고 가장 먼저 보호받아야 한다.

만일 인간이 시련 속에서 반드시 성장하는 존재라고 생각한다면 고통 속에 시름하고 있는 우리 이웃을 바라볼 때 우린 어떤 생각을 하게 될까? 만일 그들의 주변 사람이나 심리 치료자가 그들에 대해 성장을 이루지 못하고 있는 사람이라고, 보다 노력해야 할 사람이라고 단정하는 게 정당한 판단일까? 만일 그들 스스로가 "나는 왜 이렇게 성장을 이루지 못하지?"라고 조바심 내며 수치심과 자괴감에 빠진다면 이는 어떤 결과를 초래할까?

인간이 시련을 통해 성장할 수 없다는 말을 하려는 것은 아니다. 하지만 우리는 성장하기 위해 시련을 경험하는 것이 아니라는 말을 하고 싶다. 시련은 어쩔 수 없이 찾아오고 우리는 모두 그것과 힘겹게 싸우고 있을 뿐이다. 그 과정을 통해 무언가를 얻게 된다면 너무나 감사할 일이지만, 성장은 강요할 수도 없고 부자연스럽게 노력해야 할 일도 아니라는 것이다.

나는 마도요가 우는 소리를 들었다. 날이 다 저물었다는 신호, 이제 저녁이 왔다는 신호다. 마도요는 항상 하루 내내 조용히 있다가 어둠이 몰려오면 우는 새거든.

— 사무엘 베케트, 『부정의 장』 중에서

시련은 피할 수 있다면 언제나 피하는 것이 좋은 일이다. 하지만 시련이 닥친다면 우리는 묵묵히 그저 그 것을 견디고 극복해내는 수밖에 없을 것이다. 일상을 회 복하기 위해 오늘도 싸우고 있는 모든 이들을 응원한다.

◆♦

심리 치료를 시작하기 전에
꼭 알아야 할 것들

최근 들어 심리 치료나 심리 상담을 받아볼까 생각하는 사람들이 늘고 있다. 좋은 변화이다. 의학의 아버지 히포크라테스가 말했듯이, 세월이 병을 낫게 해주기도 하지만, 기회가 병을 치료하기도 한다.

심리 치료는 누구에게 받아야 하는 것일까? 내가 한때 교수 생활을 했던 한 광역시에 한국심리학회가 인정하는 심리 치료 전문가 자격을 갖춘 사람이 현직 교수를 포함해서 채 열 명이 되지 않았다. 하지만 등록된 상담센터는 300개가 넘는다는 이야기를 들은 바 있다. 등록되지 않은 것까지 생각하면 그 숫자는 훨씬 많을 것이다. 그렇다면 많은 치료사들이 심리학회가 인정하는 전문가 양성 과정과는 다른 방식을 통해 자격을 취득하고 상담 활동을 하고 있다는 의미인 것이다. 실제로 방송을 보니 불과 몇 번의 사이버 강의만 들어도 상담사 자격증을 발급해주는 사설 기관들도 있었다. 과연 심리 치료는 이렇게 아무나 해도 되는 것일까?

충격적이게도 제법 많은 사람들이 심리 치료는 전문적인 훈련을 받지 않아도 할 수 있다고 생각하고 있다. 심지어 같이 근무하던 다른 학과의 교수님도 자신의 학과를 상담 유사 학과로 명칭을 바꾸며 이렇게 말씀하셨다. "어차피 심리 치료는 부작용도 없고, 그냥 좋은 마음으로 함께하면 되는 거 아닌가요?" 학계에 있는 분이 이 정도이니 다른 곳은 말할 것도 없다.

상담사를 대거 양산하는 입법에 대한 공청회에서도 커다란 충격을 받은 적이 있다. 심리학 전문가들이 적정한 능력을 갖추지 못한 저질 상담사 양성에 대해 우려를 표하자 해당 공청회를 주최한 국회의원은 "상담이 마음이 중요하지 전문성이 그렇게 중요합니까?"라는 망언을 내뱉기도 했다. 평소 신뢰한 정치인이었는데, 실망이 컸다.

심리 치료는 부작용이 없을까?

심리 치료가 아무런 부작용이 없는 안전한 치료라는 생각은 대중에게 생각보다 널리 퍼져 있는 듯하다. 그러다 보니 약물 치료가 반드시 필요한 문제를 가진 환자임에도 심리 치료만 받겠다고 고집하는 경우가 종종 발생한다. 물론 심리 치료를 받았을 때 어떤 문제가 발생했다는 것을 보고하는 학술 문헌을 찾기는 매우 어렵다. 하지만 문헌이 적다는 것이 부작용이 없다는 것을 의미하지는 않는다.

정성을 다해 하루 종일 논문을 찾다 보면 심리 치료를 받고 심각한 부작용이 나타났다는 사례들을 분명히 찾을 수 있다. 아동의 외상 후 스트레스 장애에 대한 인지행동치료 연구에서 공포감의 증가, 야뇨증 발생 등이 보고된 바 있으며, 틱장애 아동을 위한 행동치료에서 골절, 뇌진탕, 구토 등의 부작용이 보고되기도 했다.

하지만 이런 보고가 약물 치료에 비해 상대적으로 적다는 것은 그만큼 안전하다는 의미가 아니냐고 반문할 수도 있다. 약물 치료의 부작용을 보고하는 논문은 바벨탑을 쌓을 만큼 많은 게 사실인데, 이것이 심리 치료의 안전성을 증명하는 것은 아닐까?

신약 개발의 경우 새로운 약이 실제 치료제로 쓰이기까지는 많은 임상시험을 거쳐야 한다. 기초연구에서 임상시험을 거쳐 식품의약안전처의 허가를 받기까지 길게는 20여 년이 소요되는 과정을 통과해야 한다. 법의 기준을 통과해야 하니 안정성을 담보하는 결과가 나올 때까지 약을 검증하는 연구와 임상시험이 계속해서 이루어진다. 그 과정에서 부작용이 발견되면 보고하고 보완을 위한 작업을 계속해나간다. 만약 부작용을 알고도 숨긴다면 그것은 큰 윤리적 문제일 뿐 아니라 그것이 드러났을 때는 법적 처벌을 받게 될 것이다.

하지만 심리 치료는 식약처의 허가를 받는 치료 행위가 아니다. 이 치료의 효과는 보통 심리 치료기법을 개발한 연구자가 직접 검증하게 된다. 자신이 개발한 치료의 효과를 검증하면서 굳이 부작용을 확인하려는 연구자가 있을까? 법률적인 요구가 있는 것도 아닌데 말이다.

환자 중에는 당장 눈에 보이지 않는 심리 치료 효과에 의구심을 품고, 자의적인 판단으로 더 이상 치료에 오지 않는 사람도 있다. 하지만 한편으로는 꾸준히 치료에 임하는 사람들도 있다. 그들은 아무래도 지금의 치료에 긍정적인 평가를 하는 사람들일 것이다. 자연스럽게 좋은 효과는 과장되고, 효과 없음이나 부작용에 대한 증거는 최소가 될 수밖에 없는 것이다.

심리 치료의 부작용이 적은 것처럼 보이는 또 다른 이유는 실제 부작용이 날 수 있는 영역이 약물 치료와 다르기 때문이다. 약물 치료에서 부작용은 주로 신체적으로 나타난다. 체중 증가나 근육 경직, 고열 같은 신체적 부작용이 대표적인데 이런 증상들은 심리 치료에서 나타나지 않는다. 하지만 심리 치료는 증상 자체보다 환자의 사회활동 변화에 큰 노력을 들이기 때문에 약물 치료에서는 전혀 나타나지 않을 사회생활에서의 문제행동이 나타날 가능성이 있다. 분노를 표현하는 훈련을 받다가 부작용이 생겨서 상사의 멱살을 잡게 되는 대참사가 발생할 수도 있는 것이다.

심리 치료의 부작용이 적은 것처럼 보이는 또 다른 이유는 무엇이 부작용인지에 대한 합의가 어렵다는 것이다. 부부관계 갈등에 대한 심리 치료를 진행한다고 가정해보자. 치료의 결과로 환자가 남편과의 이혼을 결정하게 되었다면 이는 좋은 결과일까? 아니면 치료의 부작용일까? 다른 상황도 가정이 가능하다. 심리 치료 도중에 환자가 오열하는 경우가 심심치 않게 발생한다. 감정을 중시하는 심리 치료 기법의 경우 이런 상황이 더욱 빈번하게 나타난다. 치료 도중 울부짖는 행위는 억누르거나 숨겨졌던 감정을 경험하는 '카타르시스'라고 보는 것이 맞을까? 아니면 심리 치료를 받으며 경험하는 고통스러운 감정 경험으로 봐야 할까? 당연히 그 치료를 진행한 치료자의 입장에서는 이혼도 환자분이 자신의 새 인생을 경험한 '성장'이고, 오열은 감정을 경험하고 정화하는 긍정적 치료 과정이라 주장할 것이다. 하지만 무엇이 정답인지에 대해서는 학계에서조차 아직 명확한 합의가 없는 게 현실이다.

심리 치료가 부작용이 적은 것처럼 보이는 마지막 이유는 심리 치료 도중 나타나는 부작용을 측정할 수 있는 객관적 검사 도구가 거의 없고, 치료 중 나타나는 부작용을 모니터링할 정교한 관찰 방법도 개발이 미진하기 때문이다. 적절한 검사 도구만 존재한다면 심리 치료 도중에 나타나는 다양한 부작용을 확인할 수 있을지 모른다. 하지만 현실은 정확성을 널리 인정받는 부작용 검사도 없을뿐더러, 그런 것을 알아보고자 하는 동기도 연구자에게 부족하다 보니 부작용에 대한 탐구는 미진한 상태로 유지될 수밖에 없는 상황이다.

◆◆

부작용, 원하지 않는 경험, 치료의 실패

여기서 확실하게 정리하고 넘어가야 할 용어가 있다. 심리 치료의 부작용은 무엇을 의미하는지를 정확히 할 필요가 있다. 부작용이 나타난다는 것과 치료가 실패한다는 것은 다른 문제이다. 치료의 실패는 처음에 목표한 증상의 개선을 이루지 못한 것을 의미한다. 그것은 치료자의 실수일 수도, 환자의 협조 부족일 수도, 그냥 환자에게 적합한 치료법이 없기 때문일 수도 있다. 하지만 부작용은 정상적인 치료 행위를 진행하면서 생기는 예측하지 못했던 상황이고, 때로는 그 부작용을 참고 치료를 진행하면 좋은 결과를 얻는 경우도 있다. 물론 부작용이 너무 심하면 치료를 중단해야 하겠지만.

　　부작용과 구분되어야 할 또 다른 현상은 치료 중에 당연히 나타나는 '환자가 원하지 않는 경험'이다. 감정의 억압이 심각한 환자에게는 감정을 경험하고 표현하게 하는 치료가 필수적이다. 이 과정에서 눈물을 흘릴 수도 있고 감정이 폭발할 수도 있다. 이것은 부작용이 아니라 나아지기 위해 반드시 경험해야 하는 과정이다. 마치 외과 환자가 수술을 받을 때 피할 수 없는 두려움과 수술 후 통증 같은 것이다.

'원하지 않는 경험' 역시 환자에게는 불편한 경험이다. 유능한 치료자는 치료가 시작되기 전 이러한 일이 나타날 수 있음을 미리 설명하고, 왜 이런 작업이 필요한지를 충분히 이해시킨다. 하지만 불편한 경험을 굳이 감수할 필요는 없을 것이다. 치료자는 늘 대안이 없는지를 고민해야 한다. 다른 기법을 사용하여 환자의 불편함을 최소화할 수 있다면 다른 방법을 선택해야 한다. 심리 치료자가 늘 자신의 사례를 통해 새로운 기법을 연구하고 최신 연구를 공부해야 하는 이유가 이 때문이다.

'치료의 실패'는 최악의 상황이다. 특히 그 실패가 치료자의 잘못된 선택이나 능력과 관련 있다면 더욱 심각하다. 심리 치료자가 되기 위해 엄격한 공부와 수련이 필요한 이유는 이 때문이다. 유능한 치료자가 되는 것은 개인의 노력과 자질에 달린 문제이지만, 잘못된 판단과 실수는 수련 감독자와의 오랜 훈련으로 최소화할 수 있다.

부작용과 관련된 명칭을 이렇게 구분하는 것은 심리학자들에겐 중요하지만 일반인들에게는 큰 의미가 없을지도 모르겠다. 중요한 것은 심리 치료를 받아도 부작용을 포함한 다양한 부정적 결과들이 발생될 수 있다는 점이다. 그것은 환자 입장에서 불편하고 불쾌한 경험이지만 치료를 받다 보면 한 번쯤 경험할 가능성이 있는 불가

피한 일일 수도 있다.

심리 치료를 시작하고자 할 때 "어차피 이거 잘못 받는다고 큰일 나지 않는다"와 같은 안일한 생각은 금물이다. 치료 과정에서 어떤 부작용이나 부정적 결과가 발생할 수 있는지를 면밀히 관찰하고, 상황에 적합한 결정과 대안을 제시할 수 있는 유능한 심리 치료자를 만나지 못한다면 돈과 시간을 잃을 뿐 아니라 마음과 신체에도 치명적인 상처를 남기게 된다.

심리 치료도 부작용이 있다. 부작용이 자주 발생할 뿐만 아니라 약물 치료보다 더 다양한 영역에서 문제가 발생할 수 있다. 상대방을 돕겠다는 좋은 마음만으로 치료를 성공시킬 수는 없다. 만약 돕겠다는 마음이 치료에서 가장 중요한 것이었다면 가족, 교사, 성직자가 심리 치료자보다 훨씬 좋은 대안이었을 것이다. 하지만 따뜻한 마음으로 상대방과 함께 있어주는 동안 상대방의 상태는 더욱 악화될 수 있다. 영국 속담처럼 서투른 치료는 병보다 나쁘다! 더 심각한 것은 잘못된 치료자와 보낸 경험으로 인해 "심리 치료란 효과가 없다"라는 잘못된 결론에 이르는 것이다.

좋은 치료자를 만나는 법

한 사람의 심리 치료자를 키워내기 위해서는 정말 많은 시간과 노력이 필요하다. 인간 전반에 관한 공부를 학부 기간 동안 마쳐야 하고, 심리 진단과 치료에 대한 교육을 대학원 기간에 받게 된다. 이것만으로도 충분하지 않다. 책에서 배운 내용이 현실에서 어떻게 적용되는지를 익히기 위해 병원이나 심리치료센터 같은 현장에서 그곳의 심리전문가 및 의료진의 감독하에 위기 상황 대처 능력을 키워간다. 그 시간이 또한 3년 이상 필요하다.

그렇다면 이런 훈련을 받는 사람들이 누구인지를 아는 방법은 무엇일까? 어떤 심리 치료자에게 치료를 받고자 한다면 그 사람이 가지고 있는 자격증과 자격증 수여기관을 검색해보기 바란다. 그가 그 자격을 받기 위해 어떤 과정을 거쳤는지를 알 수 있다. 앞서 설명한 정도의 훈련을 받지 않은 사람이라면 과감히 피하길 권장한다. 물론 모든 게 다 귀찮다면 한국심리학회가 수여하는 전문 자격자를 찾는 것도 좋은 대안이다.

마지막으로 한 가지 더 말하고 싶은 내용이 있다. "자신의 치료는 부작용이 전혀 없다. 내 치료를 받으면 무조건 치료된다"고 단언하는 사람은 이 분야에 대한 배움이 짧은 사람이다. 솔직히 부작용의 가능성을 인정하고 그것에 대해 준비를 하겠다고 약속하는 사람이 훌륭한 치료자이다. 부작용에 대해 미리 대비하는 치료자를 만나야지만 헝클어진 인생이 새 빛을 찾을 수 있다. 허세에 능한 치료자의 감언이설에 속지 말아야 한다.

"분명히 치료될 수 있을까요?"라고 묻는 분들께 나는 이렇게 답을 드리곤 한다. "심리 치료 역시 외과수술과 크게 다를 것이 없습니다. 제 경험과 최신 연구 결과를 총동원해 최선을 다할 것입니다. 하지만 실제 치료가 될지는 인간의 손을 벗어나 있습니다. 기대보다 못한 결과가 나올 수도 있습니다. 완치는 아마도 신의 영역이라고 해야 할 겁니다. 최선을 다해 협조해주시고 자신이 믿는 신이 있다면 기도하시기 바랍니다."

한바탕 웃음으로
뇌를 속일 수 있을까?

TV 예능 프로그램 〈무한도전〉이 최고의 인기를 누리고 있을 때 방송인 노홍철이 유행시킨 말이 있다. "행복해서 웃는 게 아니다. 웃으면 행복해진다." 즐거운 일이 없더라도 행복한 표정을 짓고 웃는 노력을 하면 뇌가 지금 행복한 상태인 줄로 착각해서 기분이 나아진다는 것이다. 인간의 행불행은 삶의 태도에 달려 있다는 일반론을 이야기한 것일 터이다.

그런데 얼마 후 커다란 해프닝 혹은 신드롬이 일어나기 시작했다. 웃는 표정으로 뇌를 속이자는 운동인데, 언제부터인가 웃음 치료 열풍으로까지 이어졌다. 수많은 어른들이 마룻바닥에 나뒹굴며 배를 잡고 억지웃음을 짓는 장관도 매스컴에 종종 노출되었다.

인간의 감정에 관한 논의를 촉발시키다

사실 이 열풍의 과학적 근거는 유서가 깊다. 그 시작은 1988년으로 거슬러 올라간다. 독일의 심리학자 마틴 스트랙(Martin Strack)과 동료들은 실험 참가자들에게 펜 한 자루를 이 사이에 물게 하고 만화를 보게 하였다. 이 자세는 미소를 짓는 것과 동일한 근육 움직임을 만들어내지만 거울이 없기에 참가자들은 자신의 표정이 어떤지를 알 수는 없었다.

실험 결과는 흥미로웠다. 표정만 미소를 짓게 되는 이 기묘한 상황에서 만화를 본 피험자들은 웃는 표정을 짓지 않고 만화를 시청한 사람들에 비해 같은 만화를 더 재미있게 보았다는 보고를 한 것이다.

이 연구는 심리학계에 커다란 반향을 불러일으켰다. 대체 인간의 감정은 어떻게 발생하는지에 대해 다양한 논의들이 촉발되었다. 물론 피험자가 실험의 의도를 알아차렸을 거라고 의심할 수도 있지만, 어쩌면 표정은 인간의 감정을 유발하는 데 강력한 힘을 가지고 있는지도 모를 일이었다. 찡그리거나 우는 표정을 한다면 부정적 감정이 유발되는지도 뒤이어 큰 관심거리가 되었다.

표정과 기분의 상관관계

후속 연구에서는 다양한 감정을 짓는 인물의 사진을 보고 피험자들이 이를 직접 모방하도록 하였다. 표정의 감정 유발 효과를 다양한 감정에 확대시켜 검증하려는 시도였다. 한 가지 추가적인 사항을 알아보기 위해 피험자의 일부에게는 거울을 제공하고 일부에게는 거울을 제공하지 않았다. 자신이 어떤 표정을 짓고 있는지를 직접 시각적으로 인지하는 것이 감정 유발에 미치는 영향을 확인하기 위해서였다.

이번 실험에서도 비슷한 결과가 나타났다. 긍정적인 얼굴을 따라 한 사람들에게서 긍정적 정서가 증가하는 현상이 나타났다. 거울을 통해 자신의 얼굴을 본 사람들의 긍정적 정서는 더욱 높았다. 흥미로운 사실은 부정적 기분의 증가는 표정의 모방에도 변화가 없었다는 것이다. 피험자들은 실험을 진행하며 특별히 긍정적이거나 부정적인 정서를 경험할 기회가 없었다. 달라진 것은 오직 표정뿐이었다. 인간이 자신의 정서가 어떤 상태인지를 파악할 때, 표정과 관련된 근육이 제공하는 정보를 활용한다는 것이 밝혀진 것이다. 내 얼굴 근육이 웃는 데 필요한 활동을 한다면 나의 뇌는 현재 상태를 기분 좋게 해석할 가능성이 높아진다. 물론 그 효과는 긍정적 정서에 제한된 것이었다.

표정을 짓는 근육 운동이 정서를 경험하는 데 중요한 역할을 한다면 표정을 짓지 못하는 상황에서는 어떤 일이 벌어질까? 다른 연구자들이 진행한 후속 연구에서는 여러 가지 정서를 유발할 수 있는 동영상을 피험자에게 시청하게 하면서 일부 피험자에게 의도적으로 표정을 짓지 못하도록 지시했다.

이 연구에서도 표정은 감정의 경험에 영향을 미치는 것으로 나타났다. 표정이 억제된 집단은 자유롭게 표정이 허락된 집단에 비해 부정적 동영상에서 부정적 정서를 덜 느꼈으며, 중립적 동영상에서 긍정적 정서를 덜 느낀 것으로 나타났다. 다른 점이 있다면 긍정적 동영상을 보는 중에 경험한 긍정적 정서의 크기에서는 집단 간의 차이가 나타나지 않았다는 것이다.

기존 실험이 의도적으로 표정을 만들도록 했다면, 이 실험은 의도적으로 표정을 짓지 못하게 했다는 데 차이가 있다. 표정을 억제시킨 결과 부정적 동영상을 보는 동안의 부정적 정서를 경험하는 정도가 감소되었다. 무표정 상태에서도 긍정적 동영상은 좋은 기분을 충분히 유발시켰지만, 부정적 정서 경험에서는 표정의 영향력이 나타난 것이다.

보톡스를 맞은 환자들의 뇌 스캐닝

이 연구가 발표된 것과 같은 해인 2009년에 또 다른 논문이 발표되었다. 이번에는 눈가에 보톡스 시술을 받은 환자들이 피험자였다. 이 부위에 보톡스를 맞은 환자들은 화난 표정을 짓는 데 필요한 안쪽 눈썹의 움직임에 장애가 발생하기 때문에 이들을 실험 대상으로 선정한 것이다. 이들의 뇌 활동을 분석하기 위해 기능적 자기공명영상(fMRI) 스캐닝을 실시하였다. 피험자들은 스캐너 안에서 화난 표정과 슬픈 표정의 여성 사진들을 보며 그 표정을 모방해야 했다.

실험 결과 보톡스를 맞은 집단은 화난 표정을 흉내 낼 때 분노 감정을 처리하는 뇌 영역의 활동이 보톡스를 맞지 않은 집단에 비해 낮은 것으로 나타났다. 이런 차이는 시술이 표정 모방을 방해하지 않는 슬픈 표정에서는 나타나지 않았다.

각기 다른 연구들을 20년이 넘도록 지속해오면서 알게 된 것은 표정이 정서의 경험에 어느 정도 영향을 미친다는 것이다. 특히 자극의 정서적 속성이 약하거나 모호한 상황에서는 자신의 정서 경험을 자각하는 데 표정이 더 소중한 정보가 되는 것이다.

특히 웃는 표정은 긍정적인 의미가 미약한 정보를 보다 더 긍정적으로 받아들이는 데 큰 역할을 하였다. 그러니까 만화는 어차피 재미있는 것이고, 웃는 사람의 얼굴을 따라 하는 것도 분명 유쾌한 경험이다. 웃는 표정은 이런 상황에서 자신이 즐기고 있음을 '보다 더' 자각하게 하는 데 분명한 역할을 하였다고 보겠다.

낮은 지속성과 강한 휘발성

이 정도의 실험 결과를 종합한다면 '어쩌면' 웃는 표정이 행복을 가져올 수 있지 않겠느냐고 기대할 수도 있을 것이다. 하지만 실험실에서 얻은 작은 결과가 현실에서 그대로 적용될 수 있는지에 대해서는 더 많은 검토가 필요하다.

가장 먼저 중요하게 고려해야 할 지점은 효과의 '지속성'이다. 웃는 표정이 행복을 가져오기 위해서는 표정이 유발시킨 긍정적 정서가 비교적 오랜 시간 동안 유지되어야 한다.

이 지속성의 의문에 답을 주는 논문이 스웨덴 과학자들에 의해 발표되었다. 이들은 웃는 얼굴이 유발하는 긍정적 정서를 실험 중, 5분 후, 1일 후로 나누어 반복해서 측정했다. 실험 결과, 표정이 유발하는 긍정적 정서는 다른 연구들과 마찬가지로 유효했다. 그런데 그 효과는 5분이 지나자 크게 감소했고, 하루가 지났을 때는 조금의 효과도 남아 있지 않았다. 실험실에서 만들어진 인위적인 긍정 정서는 현실의 내 삶에서 효과를 발휘하기에는 그 휘발성이 너무나 강했던 것이다.

억지웃음의 불쾌감

물론 이런 반발이 있을 수도 있다. 비록 한 번의 표정이 만들어내는 긍정적 정서의 힘은 약할지라도 일상생활에서 수시로 웃는 노력을 하는 것은 다를 수 있다고 말이다.

표정과 감정의 상관관계에 관한 심리학자들의 관심은 생각보다 집요했다. 억지로라도 웃는 노력이 어떤 결과를 불러오는지를 궁금해하는 심리학자들이 등장한 것이다. 이들은 실험에 참가한 대학생들을 네 집단으로 나누었다. 두 집단은 행복했던 기억과 관련된 문장이 나올 때마다 자연스러운 미소를 짓도록 지시받은 집단이었다. 하지만 한 집단은 입에 펜을 물게 해서 웃는 표정을 짓기 어렵도록 유도하였다. 마음은 기뻐도 웃는 표정을 짓기는 어려운 상황이 된 것이다. 나머지 두 집단은 불행하거나 아쉬웠던 기억과 관련된 문장이 나올 때만 의도적으로 웃도록 하는 의도적 웃음 짓기 집단이었다. 웃음 치료에서 흔히 권장하는 슬픈 일에도 웃으려 노력하라는 조언을 실험 조건으로 만든 것이다. 물론 이 집단 역시 표정을 짓기 어렵게 설계된 집단과 그렇지 않은 집단으로 나뉘었다.

실험의 마지막에는 현재의 삶에 대한 만족도를 묻는 심리검사를 실시했다. 행복한 일에 자연스러운 웃음을 지은 집단과 불행한 일에도 의도적으로 웃음을 지은 집단은 동등한 삶의 만족도를 보였을까? 그렇지 않았다. 억지웃음을 지었던 집단은 다른 집단에 비해 삶의 만족도가 낮게 나타났다. 행복한 삶이 주는 자연스러운 웃음을 억지웃음이 이길 수는 없었던 것이다. 억지웃음은 우리 뇌를 속이긴커녕 불쾌감만 가중시켰다.

인간의 뇌는 그리 호락호락하지 않다

우리의 뇌는 그리 호락호락하지 않다. 우리가 정서 경험을 할 때 안면 근육의 정보를 유용하게 활용하는 것은 사실이지만, 그것은 행복이라는 종합적 판단을 내리는 데 극히 제한적인 정보 중 하나에 불과하다.

우리 뇌는 단지 웃음에 사용하는 근육이 활동한다는 이유만으로 내 삶에 당면한 불행의 여러 가지 상황적 정보를 무시하고 스스로가 행복하다는 판단을 내릴 만큼 단순하지 않다. 미소는 내가 행복함을 나타내는 하나의 표현 수단일 뿐, 불행을 일거에 잊게 만드는 요술봉이 아닌 것이다.

지금 이 순간에도 수많은 심리학자, 의사, 상담가들이 현장에서 불행한 사람들을 돕기 위해 애쓰고 있다. 이들은 힘차게 배를 잡고 웃으면 모든 불행이 사라진다는 단순한 진리를 깨닫지 못해 인생을 허비하는 사람들이 아니다. 행복은 부정적이거나 비합리적인 생각을 개선하고, 보다 더 생산적인 태도로 하루하루의 삶에 도전하는 태도에서 비롯된다. 행복의 지름길 따위는 없는 것이다.

심리학 실험실의 결과는 흥미롭다. 하지만 그 결과는 작은 실험실에서 많은 조건들이 통제된 상태에서 나

♦♦

타난 것일 뿐이다. 실험 과정에 대한 이해 없이 그 결과를 일상생활에 그대로 적용하는 것은 위험하다. 부디 인생의 낭떠러지 앞에 있는 마음이 아프고 괴로운 환자들이 억지웃음을 강요받으며 골든 타임을 놓치는 일이 없기를 바란다.

주다스 프리스트의 음악을 듣던
두 젊은이의 자살 사건

누군가의 마음을 타인이 조종할 수 있다는 생각은 흥미로우면서도 섬뜩하다. 과연 타인의 심리를 그 사람 모르게 조종하는 게 가능할까? 학부 때부터 심리학을 전공한다고 하면 주변 사람들에게 가장 많이 듣던 질문이기도 하다. 이 위험한 생각을 그 누구보다 더 적극적으로 실현시키려 했던 이들이 있었으니, 바로 기업이었다. 그리고 이 섬뜩한 욕망에 대한 관심은 광고계에서부터 촉발되었다.

인간의 감각이 자각하지 못할 정도의 은근한 자극을 삽입하여 소비자의 잠재의식을 조종하는 광고를 만들 수 있다는 주장이 『숨은 설득자들(Hidden Persuaders)』을 통해

소개되었다. 이 책은 시장조사 전문가였던 제임스 비카리
(James McDonald Vicary)의 잠재의식 광고에 대한 실험을 소개하
고 있다.

너무나 충격적이었던 비카리의 극장 실험

비카리는 한 극장에 순간 노출기를 설치하였다. 이 노출
기는 3천 분의 1초 길이의 짧은 메시지를 필름 사이에 끼
워 넣을 수 있었다. 인간은 이렇게 빠르게 제시된 메시지
를 인지할 수 없다. 내용은 "콜라를 마셔라! 팝콘을 먹어
라!"라는 것이었다. 이 메시지는 5초 간격으로 반복되어
제시되었고 실험은 16주간 무려 4만 5천 명의 관객을 대
상으로 진행되었다.

　　결과는 충격적이었다. 이 메시지에 노출된 관객들
이 휴게실에서 콜라와 팝콘을 사 먹기 시작한 것이다. 콜
라의 매출은 이 실험을 진행하기 전보다 18퍼센트가, 팝
콘의 매출은 무려 57퍼센트가 증가했다고 한다. 보이지
도 않는 메시지가 인간의 구매 행동을 자극한 것이다.

　　이 사건을 계기로 광고가 대중의 잠재의식을 조종
할 수 있다는 믿음이 강해지기 시작했다. 인간이 인식할
수 있는 범위 내에서 제공되는 자극이란 의미에서 '식역

하 자극'이라 불리는 자극을 이용한 광고효과의 실체에 대한 조사도 진행되었다.

사실 비카리의 실험은 의심스러운 부분이 많았다. 무엇보다 당시에는 3천 분의 1초처럼 짧은 시간에 나타났다가 사라지는 영상을 투사할 기술이 존재하지 않았다. 더군다나 인간의 망막은 0.01초 미만의 짧은 빛에 대해서는 자극되지 않는 것으로 알려져 있어서 설령 그런 기술이 도입되었다 해도 인간에게 전달될 가능성이 없었다. 많은 후속 검증이 뒤따랐고 결국 실험은 조작된 것이었음이 밝혀졌다. 식역하 자극을 이용한 광고가 존재하느냐에 대한 학계의 논란도 일단락되었다.

주다스 프리스트에서 서태지와 아이들까지

학계의 현실과 대중의 입장에는 온도 차가 있기 마련이다. 학계에서 어떤 결과가 나오는 것은 아주 오랜 시간이 지난 후의 일이다. 하지만 대중은 화제를 일으키는 그 설레는 처음의 소식 외에는 관심을 갖지 않는다. 물론 후속 보도를 진행하는 언론도 극히 드물다. 대중은 이미 영상 속 다양한 숨은 메시지가 인간을 통제하고 있다는 가짜 뉴스를 진실로 받아들였다.

이런 대중의 믿음은 1985년 당시 인기 절정의 헤비메탈 밴드였던 주다스 프리스트의 음악을 듣던 두 젊은이가 자살을 시도함으로써 그 책임 소재를 두고 음악 제작자들이 고발되는 상황에까지 이르게 한다. 두 젊은이중 극적으로 생존한 제임스 반스는 주다스 프리스트의 음악 속에 식역하 메시지가 담겨 있었다고 주장했다. 물론음주에 마리화나까지 했던 두 젊은이의 자살 원인이 한록밴드의 메시지 때문이라는 판결은 내려지지 않았다. 하지만 헤비메탈 자체에 대해 곱지 않은 시선을 숨기지 않았던 개신교 기반의 보수세력들은 대중음악 속 숨은 메시지에 대한 음모론을 끊임없이 재생산하였다.

아마도 20세기 말을 기억하는 독자들이라면 서태지와 아이들 음악 속의 역재생 메시지에 대한 해프닝을 기억하고 있을 것이다. 음반을 뒤로 돌리면 "피가 모자라"라는 메시지가 들린다는 이 논란은 역재생이 불가능해진음원 파일 시대에는 그저 신기한 역사의 한 장면이 되고말았다.

무의식의 영향력은 의식의 힘을 넘어설 수 없다

비카리의 실험 결과가 발표되었을 때 심리학자들의 의심

이 집중된 지점은 식역하 자극의 존재에 대한 불신 때문은 아니었다. 식역하 자극에 대한 심리학계의 정의는, 탐지하기 섭지 않은 정도의 자극일 뿐, 탐지하기 '불가능'한 자극을 의미하는 것은 아니기 때문이다. 하지만 그 영향력은 지극히 미미할 것이라고 생각했다. 그 영향력이, 살고자 하는 사람에게 자살을 선택하게 할 만큼, 절대적이지는 않다는 것이다.

이런 학자들의 입장은 2014년 네덜란드 심리학자들의 주도로 진행된 광고 효과 실험에서 잘 증명되었다. 이 실험에서는 텍스트에서 소문자의 수를 세는 인지 과제를 진행하는 사이사이에 자각하기 힘든 속도로 빠르게 지나가는 특정 음료 브랜드의 광고 메시지를 삽입하였다.

연구자들은 두 집단으로 나누어 한 집단에는 식역하 자극이 제공될 것이라는 경고를, 다른 한 집단에는 아무 경고를 주지 않았다. 실험을 마치고 자유롭게 음료를 선택하게 하자 두 집단은 조금 다른 선택을 하였다. 경고를 받지 않은 집단은 갈증이 높을수록 숨은 메시지 속 음료를 선택하는 경향이 높았다. 하지만 경고를 받은 집단의 경우 갈증이 높을수록 오히려 식역하 광고를 진행한 브랜드를 선택하지 않는 경향성이 나타났다. 누군가 내 선택을 통제하려 한다는 의도는 피험자들에게 역효과가 된 것이다. 인간의 의지를 넘어서 인간을 조종하는 능력 같은 것은 존재하지 않았다. 무의식의 영향력은 의식의 힘을 넘어설 수 없었다.

식역하 자극의 실체

그렇다면 식역하 자극의 실체란 무엇일까? 심리학자들은 본인이 원하는 것에 대해 더 큰 선호를 갖게 해주는 '바람잡이' 역할이 식역하 자극이 할 수 있는 일이라고 생각한다.

이를 지지하는 실험 결과가 2015년 미국에서 발표되었다. 실험 참가자들은 인지 과제를 수행하는 동안 '파워에이드'라는 글자가 감지할 수 없는 짧은 시간 동안 제시되는 집단과 같은 글자 수의 아무 의미 없는 글자가 같은 시간 동안 보여지는 집단으로 나뉘었다. 각 집단은 다시 갈증이 높은 집단과 낮은 집단으로 구분되어 총 네 개 집단의 결과가 비교되었다. 인지 과제를 마치고 파워에이드 음료를 구매할 의사가 있는지에 대한 질문에서 오직 갈증이 심한 채로 파워에이드 메시지가 제시된 집단만이 높은 구매 의사를 표명했다.

두 번째 실험에는 갈증의 차이를 극대화하기 위해

한 집단에는 짠 감자칩을, 다른 집단에는 물을 마시게 했다. 이제 실험에는 극단적 갈증을 호소하는 두 집단과 갈증을 선혀 느끼지 않는 두 집단이 생긴 것이다. 짠 음식을 충분히 먹은 후에는 파워에이드뿐 아니라 경쟁 음료인 게토레이, 생수, 코카콜라 등을 자유롭게 선택해 마실 기회를 제공하였다. 개인에 따라 이온 음료를 선택하지 않는 피험자들도 있었지만 높은 갈증 조건에서 식역하 메시지를 제공받은 집단은 게토레이보다 뚜렷하게 파워에이드를 선호하는 것으로 나타났다. 잠재의식에 제공한 특정 음료 브랜드의 메시지는 갈증을 느끼는 사람에게 그 음료를 선택하게 만드는 힘을 가지고 있었다.

식역하 광고 메시지는 과연 사람을 조종할 수 있을까? 그간의 실험을 종합해볼 때 정답은 '부분적으로는 그렇다'라고 말할 수 있다. 하지만 주의해야 한다. 그 효과는 인간이 의식에서 가지고 있는 의지를 뛰어넘을 수가 없다. 그리고 실험에서 밝혀진 식역하 메시지의 효과는 제한적일 뿐 아니라 극히 미미한 수준이다. 내가 그것을 하고 싶은 상태에 놓여 있다고 하더라도 식역하 메시지가 잡아주는 '바람'이란 아주 작은 미풍에 불과하다는 것이다.

◆◆

심리학 실험이 말하는 '검증된 효과'

여기서 심리학 실험이 말하는 '검증된 효과'라는 것이 어떤 의미인지를 설명해야 할 것 같다. 심리학에서는 어떤 실험 결과가 신뢰할 수 있는지를 판단하는 수단으로 유의수준이란 개념을 사용한다. 가장 일반적으로 사용되는 유의수준은 5퍼센트다.

간단하게 말하면 이 실험의 효과가 참이 아닐지라도 100번에 다섯 번 정도는 효과가 있다는 잘못된 결과가 나올 수 있는 수준이라는 것이다. 95퍼센트 정도의 경우는 참이니 이번에 나온 결과도 그 95퍼센트 중 하나라고 생각하고 받아들이자는 것이다. 하지만 세계의 심리학자 100명이 같은 실험을 한다면 다섯 팀 정도는 잘못된 효과를 보고할 가능성이 있을 정도이니 결과의 해석은 신중할 필요가 있다.

사실 더 유의해야 할 문제는 검증이 틀렸을 확률보다는 그 검증된 효과의 크기다. 유의수준을 바탕으로 하는 실험 효과의 검증에는 그 효과가 얼마나 큰지에 대한 정보는 거의 담겨 있지 않다. 키 크는 약을 개발해서 복용자들에게 그 효과를 검증했을 때, 유의수준 5퍼센트를 만족했다는 것은 약을 먹기 전보다 먹은 후 키가 커졌다는 의미 이상이 담기지 않는다. 심지어 단 1밀리미터만 키가 큰 것일지라도 얼마든지 실험은 효과가 있는 것으로 검증될 수 있다.

식역하 메시지의 효과는 매우 약하다. 이런 메시지를 반복적으로 제시받았다고 해서 게토레이를 좋아하던 사람들이 파워에이드를 들이켜게 되는 것이 아니라는 것이다.

조종당한다는 것은 누구나 불쾌하다

식역하 자극의 효과는 제한적이지만 존재한다. 하지만 이것은 이미 내 마음이 그쪽으로 향하고 있을 때, 그 정도를 조금 강화시켜주는 정도에 지나지 않는다. 대중이 두려워하듯이, 스스로 바라지 않는 행동을 맨정신에 하게 만드는 마법은 일어나지 않는다. 하물며 삶에 대한 의지가 강한 사람에게 역재생을 시켜야 알아들을 수 있는 음악을 들려줘서 죽게 할 힘은 없다. 젊은이의 목숨을 건지고 싶다면 마약의 유통을 막고, 생산적인 일에 몰두하면 성공할 수 있다는 희망을 심어주는 것이 훨씬 중요하다.

그래도 여전히 우리 사회는 광고가 인간의 잠재의식을 조종할 수 있다는 점에 대해 불편해하는 것 같다. 이런 이유로 정부는 식역하 광고를 법으로 금지하고 있다.

> 시청자가 의식할 수 없는 음향이나 화면으로 잠재의식
> 에 호소하는 방식을 사용하여서는 아니 된다.
>
> — 「방송통신심의위원회 규칙」 제79호 제15조

누군가가 내 동의 없이 내 마음을 움직이려는 것은 불쾌한 일이니까. 그리고 이 도시의 욕망은 지구를 달아오르게 만들 정도로 뜨거우니까.

> 위대한 도시는 진실이 아니고, 그것을 속인다.
> 낮을, 밤을, 동물과 어린이를.
> 도시는 침묵으로 속이고,
> 소음과 기꺼이 그리하는 사물로 사기한다.
>
> — 라이너 마리아 릴케, 「로마의 분수」 중에서

당신의 뇌를
믿지 마세요!

Psychologically speaking

ᵔᵒᵔ

다니엘 베르누이와
하우스 머니 효과

내가 어릴 적 아버지께서는 아들 둘을 앉혀놓고 귀에 못
이 박히도록 이런 말씀을 하시곤 했다. "주식 하지 말아
라. 그거 하다가 결말 좋은 사람 보지 못했다." 그 말씀 때
문인지 나는 아직 주식은 거의 하지 않고 살고 있다. 그
덕에 재테크는 초등학생 수준에 머물러 있지만, 그래도
단 한 번도 번 돈을 잃어본 적은 없다.

거의 모든 미국인은 안전한 투자로 4퍼센트를 벌기보다
는 위험을 무릅쓰고서라도 어서 빨리 8퍼센트를 벌려고
한다. 그 결과는 흔히 빈털터리로 끝난다. 또 걱정과 초

조가 끊일 새가 없다.

— 버트런드 러셀, 『행복의 정복』 중에서

지금부터 100년 전 미국의 세태를 버트런드 러셀은 위와 같이 지적하고 있다. 그때도 주식 투자로 돈을 버는 사람은 거의 없었던 듯하다. 지금도 마찬가지다. 내 주변에 친한 사람들 대부분의 손익계산서는 신통치 않다. 주식으로 돈을 벌었다는 사람들은 대개 내가 직접 알지 못하는 사람들이거나 매스컴에 등장하는 투자 강사들뿐이다. 도대체 우리는 무엇을 믿고 주식에서 비트코인까지 영혼을 끌어모아 투자하게 되는 것일까?

비합리적 인간의 위험한 투자

인간의 마음속을 들여다보고자 하는 것이 심리학이다 보니 인간의 투자 심리에 대한 연구도 제법 진행되었다. 심리학적으로 생각해보면, 결국 투자란 어느 시점에 얼마의 돈을 투입하거나 회수할 것인지에 대한 '의사결정'이다. 심리학은 오래전부터 이 흥미로운 의사결정 과정과 원리에 관심을 가져왔다.

인간이 비교적 합리적인 판단을 하고 산다고 전제

한다면 인간이 자기 생존에 위험이 될 만한 행위를 하는 일은 거의 없을 터이다. 나는 유달리 이런 경향이 심해서 롤러코스터를 타는 것도 피해왔다. 왠지 그걸 탔다간 큰 변을 당할 것 같았기 때문이다.

투자도 위험한 행위 중 하나이다. 누구도 그러길 바라지는 않지만 필연적으로 돈을 잃는 경우가 생길 수밖에 없다. 큰돈을 잃는 경험을 하고 싶은 사람은 없을 것이다. 그래서 나는 여태 큰 배팅 한번 못하고 소심한 인생을 살아가고 있다.

다니엘 베르누이가 밝혀낸 사람들의 투자에 관한 의사결정 패턴

투자와 관련한 의사결정에 대한 관심은 저명한 수학자 다니엘 베르누이(Daniel Bernoulli)에게까지 거슬러 올라간다. 그는 인간에게 두 가지 의사결정 패턴이 있다는 것을 발견했다. 첫 번째는 매번 같은 돈을 번다고 해도 그 주관적인 효용성은 계속 감소한다는 것이고, 두 번째는 같은 돈을 기준으로 할 때 사람은 얻은 돈에 비해 잃은 것에 더 큰 영향을 받는다는 것이다.

베르누이의 첫 번째 주장은 왜 우리가 안정적인

예금이 아닌 주식이나 비트코인에 눈을 돌리는지를 잘 설명해준다. 예금이나 적금은 원금의 손실 없이 돈을 불려주는 아주 안정적인 재테크 수단이다. 문제는 그 예측 가능한 수치가 기대에 비해 많이 작다는 것이다. 나름 목돈을 집어넣었는데 막상 얻게 되는 이익은 2~3퍼센트 남짓의 이자뿐이고, 그나마도 이자가 드라마틱하게 늘어나지 않다 보니 불어나는 돈에 대한 만족도는 계속 떨어지게 마련이다. 오래 돈을 넣어두고 푼돈이나 챙기느니 아무래도 주식 투자를 해야겠다는 결심을 불쑥불쑥하는 것이다.

하지만 베르누이의 두 번째 주장에 따르면 손실에 민감한 인간이 위험 자산에 투자할 이유는 없어 보인다. 돈이 많은 사람들이야 작은 액수로는 만족할 리 없고, 투자에 손실이 나더라도 전체 재산 대비 큰 영향이 없다 보니 과감한 결정이 가능하겠지만, 소위 '개미'의 경우는 한 번의 손실에도 휘청하기 마련이니 큰 투자를 하기는 버겁다. 그런데 문제는 수많은 '개미'들이 무리한 투자를 하고 있다는 점이다. 쉽게 이해하기 힘든 '비합리적' 행위다.

예방 중심 성향과 성취 중심 성향

심리학은 인간의 '비합리적'인 측면을 밝히면서 발전해온 학문이다. 심리학이 발견한 사실 중 하나는 위험을 대하는 인간의 태도에 상당한 '개인차'가 있다는 것이다. 재산의 크기와 큰 상관없이 위험한 투자를 기꺼이 결정할 수 있는 경향성은 사람마다 다르다. 어떤 사람들은 투자를 결정할 때 잠재적인 손실 가능성에 더 큰 무게를 두지만 반대 유형의 사람들은 잠재적인 수익에 더 큰 가치를 두게 된다. 이러한 태도를 기준으로 '예방 중심' 유형과 '성취 중심' 유형으로 구분한다. 성취를 강조하는 성향의 사람일수록, 비록 그것에 상당한 위험성이 존재하더라도, 자신이 가진 자산 범위에서 최대의 수익을 낼 수 있는 투자처를 선택하게 된다. 반면에 조금의 손실에도 크게 마음이 상하는 '예방 중심' 투자자는 원금 보장형 상품을 벗어나기 어렵다.

　　예방 중심 성향과 성취 중심 성향 사람들은 상황을 분석하는 인지 구조 자체에도 큰 차이를 보이는 것으로 나타났다. 사람들은 투자의 규모를 정할 때 자신의 과거 실적을 돌아보고 투자의 성공 여부를 점치게 된다. 물론 가장 합리적인 방식은 내가 지금 투자하려는 회사나 자산의 미래 가치를 검토하는 거겠지만 그런 정보를 개미들이 일일이 찾아볼 만한 여유도 많지 않을뿐더러 정보를 이해하는 데에도 노력이 필요하다. 심지어 그런 정보를 모두 검토했다고 해도 미래를 예측한다는 것 자체가 인간의 능력을 벗어난 일이다.

비트코인에 투자한다고 생각해보자. 가상화폐는 처음 접해보는 자산인 만큼 과거의 성공과 실패를 검토하기 어렵다. 예방 중심 성향의 사람은 이런 불확실성에 주목하면서 최대한 보수적으로 투자한다. 하지만 성취 중심 성향인 사람의 선택은 다르다. 이들은 비트코인과는 전혀 관련 없는 과거의 주식, 펀드, 부동산 등 다양한 경험을 고려하는 특성을 보인다. 분명 과거의 어느 시점에서는 과감한 투자로 큰 재미를 본 적이 있을 것이기에 그런 긍정적 경험에서 새로운 투자를 결정하는 동력을 얻는다.

당연히 예방 중심 성향의 사람은 작은 손실에도 불안을 감추지 못한다. 장기간을 지켜보며 여유를 보이는 성취 중심 성향의 사람과는 크게 다르다. 최근 금융 선진국에서는 심리 검사를 이용해 투자 위험에 대한 인내력을 미리 테스트하고, 그에 따라 포트폴리오를 추천하는 새로운 투자 상담 전략을 도입하고 있다고 한다.

하우스 머니 효과

위험을 감수하고 투자를 결정하기까지는 개인의 성향이 영향을 미치지만, 상황적 변수도 중요한 역할을 한다. 주식 투자에서의 의사결정 행위는 사실 도박에서 보이는 모습과 크게 다르지 않다. 그래서 투자 심리학 분야의 전문가들은 도박 중독을 설명할 때 흔히 사용하는 '하우스 머니 효과(House Money Effect)'를 투자에 관한 의사결정 메커니즘을 설명하는 데에도 활용하고 있다.

하우스 머니 효과란 이전 단계에서 발생한 수익이 클수록 이어지는 투자에서 더 과감한 선택이 유도된다는 이론이다. 하우스 머니 효과는 그 결과가 예상치 못했던 것일수록, 번 돈이 클수록 강해진다. 이렇게 얻어진 돈은 그 자리에서 현금으로 지급되는 경우가 드물다. 주식이라면 계좌의 수치, 도박이라면 코인과 같은 형태로 확인되는데, 이 수입은 실질적 자산으로 여겨지지 않는 경향이 있다. 그만큼 돈을 쓰거나 다시 투자하는 결정을 하는 데 부담이 덜한 것이다. 도박에서 딴 돈을 그다음 판에 올인하는 경우를 많이 보지 않았던가. 결국 아무것도 가져갈 수 없게 되는 상황도 많이 보았지만 말이다.

내 손에 직접 주어지지 않는 '가상 수입'을 쉽게 쓰

게 되는 것은 다양한 환경에서 목격된다. 여러 업체들이 제공하는 포인트, 누군가에게 선물로 받은 사이버 머니와 상품권, 행사장에서 추첨으로 얻은 쿠폰을 쓸 때는 내 지갑에 들어 있는 현찰을 쓰는 것과 비교했을 때 심리적 부담이 적은 편이다. 주식에서의 대박도 마찬가지이다. 투자한 종목이 상한가를 기록했고, 주식 계좌의 잔고가 늘어났지만, 아직 그 돈이 내 호주머니 속으로 들어온 것은 아니다. 설령 그날 주식을 모두 팔았다고 하더라도 그 돈은 계좌에 수치로만 기록되어 있을 뿐이다. 바로 이때 다음 투자를 결정한다면, 잠재적 위험을 무시하는 공격적 투자를 할 가능성이 높아진다. 아마 수익을 모두 현금으로 찾아 금고 안에 넣고 있었다면 보다 합리적인 투자 결정을 했을지도 모른다.

한 번의 대박은
더 과감한 투자를 유혹한다

심리학 연구에 따르면 예상치 않았던 '대박 경험'은 아주 강력한 만족감을 선사한다. 그리고 이런 만족감은 흔히 새로운 투자를 할 때 경험해야 하는 불안감을 무뎌지게 하는 마취제로 기능한다. 인간을 신중하게 만드는 두려움과 함께 우리의 불완전한 이성을 제어할 수단도 사라지는 것이다.

마지막 무모한 행동은 주로 큰 손실을 입은 다음에 나타난다. 한 번의 대박에 이성을 잃고 무리한 투자를 했으니 큰 손실이 나는 것도 피할 수는 없을 것이다. 돈을 잃은 사람은 매몰비용이라고 불리는, 내 손에서 완전히 사라져버린 그 돈을 다시 찾기 위해 무리수를 던지기 시작한다.

많은 투자 전문가는 손실이 발생했을 때는 빠르게 그 손실을 기억에서 지우고, 그 돈이 원래 없었던 것처럼 새로 시작하라고 조언한다. 하지만 그러한 기억 지우기는 말처럼 쉽지 않다. 사람들은 돈을 잃으면 잃을수록 투자 행위에 더 몰입하게 된다. 손실을 한 방에 보상하기 위한 대박주를 찾고, 기존 손실에 이른바 '물타기'를 하면서 더 큰 위험을 자초한다.

인간의 비합리적 의사결정은 심리학 실험실에서 명확하게 확인되는 현상이다. 물론 이 실험실의 진실이 복잡한 시장에서도 그대로 적용되는지에 대해서는 논란이 있다. 현실의 투자는 실험과는 비교할 수 없을 정도로 복잡한 요인이 영향을 미치기 때문이다.

이와 관련하여 흥미 있는 연구가 대만에서 진행된

바 있다. 리우(Y. J. Liu) 박사 연구팀은 실제 대만 증시에서의 거래 자료를 바탕으로 분석한 결과, 오전에 수익을 올린 투자자들은 그날 오후에 평균 이상의 위험한 투자를 하게 된다는 사실을 확인했다. 뜻하지 않은 수확이 과감성을 강화시킨다는 것을 현실의 자료를 통해 확인한 것이다.

도박으로 도박 빚을 갚을 수는 없다!

일타 투자 강사가 뭐라고 말하든 심리학자의 관점에서 주식 투자 혹은 코인 투자는 일종의 '도박'이라고 할 수밖에 없다. 심리학적 관점에서 두 행위는 매우 유사하다. 차이를 찾기 어렵다.

그렇다면 보다 더 합리적으로 투자를 할 수 있는 방법은 없을까? 심리학자로서 다음 세 가지는 추천할 수 있을 것 같다.

첫째, '나'에 초점을 두지 말고 내가 투자하려는 '종목'에 집중해보는 것이다. 최대한 해당 기업에 대한 정보와 업종의 전망을 확인하여 미래가치가 있는지에 따라 의사결정을 하는 '가치 투자'를 추천한다.

둘째, 일단 큰 수입을 올렸다면 그날은 추가적 투자를 중단하고 얻은 수입을 모두 예금 계좌로 옮길 것을 추천한다. 현금으로 찾아와서 가족과 축하파티를 여는 것도 좋겠다. 운이 좋은 날은 또 한 번의 운을 기대하지 말자. 그리고 장부를 작성하며 내가 그간 투자를 통해 실제로 잃은 돈과 얻은 돈이 얼마인지를 총자산의 관점에서 분석해볼 것을 권유한다.

셋째, 손실은 빨리 잊을수록 최소화된다. 일단 실패한 투자가 있다면, 즉시 손을 떼고 보다 더 예측이 수월하고 안전한 방법으로 손실을 복구하도록 하자. 단언컨대 도박으로 도박 빚을 갚을 수는 없다.

주식의 기초도 모르는 사람이 이런 글을 쓴다는 것이 참으로 아이러니하다. 학문의 세계는 그저 학문의 세계일 뿐이다. 경영학 교수님들이 세계적 기업을 일구는 것은 아니라는 것! 그냥 이런 조언도 있다는 것 정도로 참고하길 바란다. 무엇보다 내 마음이 나에게 걸어오는 거짓말에 속지 않기를 바란다.

그리고 평생을 일해도 집 한 칸 마련하기 힘든 우리의 오늘이지만, 혹시라도 러셀의 지적처럼, 우리들의 투자가 "지금까지 동등했던 사람들을 새파랗게 질리게 만들려는 생각"에서는 아닌지 함께 생각해볼 일이다.

ᴗᴗ

그들에겐 자동차보다
존경이 더 필요하다

나는 방송으로 진행되는 홈쇼핑에서 물건을 사본 적이 없
다. TV에 보고 싶은 다른 프로그램이 많고, 혹여 볼만한
것이 없으면 다른 일을 하면 되다 보니 굳이 물건 파는 방
송을 보고 있을 필요가 있나 싶은 생각이 든다.

하지만 나의 라이프스타일과는 상관없이 홈쇼핑
시장은 지속적으로 성장 중이다. 미국에선 이미 십여 년
전에 전통적인 백화점 기업들의 매출을 TV홈쇼핑 회사가
추월했다고 한다. 어떤 경제 전문가는 라이브 커머스가
100배 이상 성장 잠재력이 있다고까지 예측한다. 그리고
내 주변의 상당히 많은 젊은이들이 미래 직업으로 쇼호스

트를 준비하고 있다는 것만 보아도 이 시장이 크게 성장하고 있다는 것을 실감할 수 있다.

홈쇼핑만의 매력은 무엇일까? 물론 외출하지 않고 집에 가만히 앉아서 물건을 구매할 수 있다는 것은 편리한 일이다. 결제도 쉽다. 전화 한 통화, 클릭 몇 번이면 결제에서 배송까지 모든 것이 순조롭다.

문제는 여기서 구매하는 상품이 정말 나에게 필요한 물건이냐는 것이다. 홈쇼핑은 내가 특정 물건이 필요해서 찾아보는 쇼핑이 아니다. 다른 프로그램을 보다가 우연히 노출되는 방송이다 보니 내가 평소 사려고 계획했던 물건이 마침 그 시간에 나올 가능성은 거의 없다. 그저 영상을 보고 쇼호스트의 설명을 듣다가 마치 마법에 걸린 것처럼 전화기를 집어 들게 되는 것이다. 계획하지 않았던 쇼핑, 의도하지 않은 소비가 TV 홈쇼핑의 본질이다.

왜 필요하지도 않은 물건을 사는 걸까?

이런 신비한 현상에 심리학자가 관심을 가지지 않을 리 없다. 심리학자들은 본인이 필요하지도 않은 물건을 파는 방송에 왜 귀를 기울이게 되는지를 연구했다. 홈쇼핑의 주요 고객 중 하나인 노년층 소비자에 대한 연구 결과, TV

홈쇼핑은 하나의 예능프로그램이자 유사 대인관계로 기능하고 있다는 사실이 발견되었다.

홈쇼핑의 주인공인 진행자를 '쇼호스트'라고 부른다. 여기에 '쇼'라는 타이틀이 붙는 이유가 바로 이 때문이다. 방송 홈쇼핑의 주요 고객인 노년층들은 쇼호스트의 화려한 진행과 입담을 보면서 만족감을 느낀다고 한다. 그들에게 쇼호스트는 적적한 삶에 찾아온 친구이자 자식 같은 역할을 해주는 것이다. 쇼호스트의 멘트를 가만히 들어보라. 그들은 방송을 보는 고객들에게 끊임없이 말을 걸고 시청자의 생활을 챙긴다.

더구나 방송 시간 동안 끊임없이 물건의 판매수량은 줄어든다. 시청자는 선착순 이벤트의 기회가 지나가기 전에 전화를 걸어 구매를 신청하는 스릴을 경험한다. 쌍방향 예능프로그램으로 이만한 것이 또 있을까?

외로움의 진통제

특히 노년층이 방송 홈쇼핑에 몰입하게 되는 이유는 무엇일까? 가족들이 있지만 대부분 멀리 살 뿐만 아니라 사회생활에 바쁘다. 배우자나 친구들도 하나씩 곁을 떠난다. 중요한 정서적 욕구를 충족시켜줄 수 있는 인간관계가 사라져가면서 외로움이 엄습한다.

외로움은 그 자체로 부정적인 감정이지만 다른 한편으로는 이 외로움을 줄이기 위한 행동을 유발시키는 강력한 동기가 되기도 한다. 나이와 성별을 불문하고 인간은 부정적인 감정을 해소하기 위해 다양한 자구책을 모색한다.

기분 전환을 위한 대표적 선택지가 바로 '쇼핑'이다. 물론 부정적 감정을 유발하는 근원적인 문제를 해결하는, 보다 현명한 방법도 존재하겠지만 사실 해결 자체가 불가능하거나 매우 어려운 경우가 대부분이다. 당장의 기분을 전환시키는 데 쇼핑은 일종의 정신적 진통제 역할을 한다. 많은 직장인들이 업무 중 큰 스트레스를 경험하고 나면 비싼 해외여행 상품을 계약하거나 명품가방, 명품시계 등을 '지른다'고 한다. 소위 '플렉스'를 통해 스스로에게 선물을 주는 것이다. 코로나 시대를 통과하면서 명품시장의 규모가 꾸준히 성장했다는 사실이 이를 증명하고 있다. 늘어나는 스트레스를 여행이나 외식으로도 풀수 없으니 쇼핑에 더욱 집중할 수밖에 없는 상황이 된 것이다.

그 어떤 연령층보다도 외로움에 취약한 노년층은 쇼핑의 선택지도 제한되어 있다. 이동의 불편함은 멀리 있는 백화점이나 시장을 방문하는 것을 어렵게 한다. 여러 정보를 비교하고 결제도 상대적으로 더 복잡한 인터넷 쇼핑 역시 노년층에게는 편리한 수단이 아니다.

무엇보다도 인터넷 쇼핑은 사람과의 접촉 경험을 주지 못한다는 근본적인 한계가 있다. 사람의 목소리를 듣고 싶고, 사람이 활동하는 것을 보고 싶은 심리 상태에서 TV 홈쇼핑은 그 빈자리를 채워주는 좋은 친구가 되는지도 모른다.

홈쇼핑과 별풍선의 원리

실제로 많은 어르신들이 현실에서의 불만족이나 외로움을 감소시키기 위해 홈쇼핑을 찾는다고 한다. 급진적인 주장이긴 하지만 쇼호스트와 친밀함을 느끼는 어르신들의 착각이 이분들의 신체와 정신 건강에 긍정적 영향을 미친다는 연구도 있다. 그것이 실질적인 인간관계이든 아니든 누군가와 함께하고 있다는 경험 자체가 인간에게 얼마나 소중한 것인지를 보여주는 예라고 할 수 있겠다.

인간은 고립되어 있을수록, 외로울수록, 부정적 감정에 빠져 있을수록 누군가와의 관계를 필요로 한다. 이러한 논리를 연장하면, 요즘 많은 사람들이 소위 '먹방' 유튜브 콘텐츠에 왜 그렇게 열광하는지도 이해할 수 있다. 외롭고 우울한 기분이 들 때, 누군가가 나와 대화를 하며 맛있게 음식을 먹어주는 경험이 커다란 위안이 되어주는 것이다.

라이브 쇼는 말할 것도 없다. 여러 사람이 시끄럽게 떠드는 모습을 보며 텅 빈 내 방 안이 활기로 가득 차는 기분을 느낄 수도 있다. 더구나 라이브 채팅에 글을 올리면 진행자는 내 이름을 불러주고 답변을 해주기도 한다. 돈이라도 조금 보내준다면 더 열광적으로 반응해준다. 기꺼이 얼마 정도의 돈을 지불할 수 있는 것이다.

왜 쓸데없는 물건을 사 모으냐고 타박하기 전에

이제 처음 질문으로 돌아와야겠다. 우리는 홈쇼핑을 왜 보게 될까? 관심도 없는 물건을 광고하는 프로그램을 수십 분 동안 넋을 놓고 시청하는 이유는 무엇일까?

드라마나 쇼 프로그램이 채워줄 수 없는 '함께한다'는 느낌을 홈쇼핑이 선사하고 있는 것일지 모를 일이다. 현실에서는 만날 수 없는, 혹은 현실에서 만난다 해도 불편할 수밖에 없는 인간관계가 아니라 마냥 친절하고 쾌

활한 관계가 그리운 것일지도 모른다. 그래서 필요도 없는 물건에 대한 설명에 빠져드는 것이다.

그저 마음이 고플 뿐인데, 우리 뇌는 내가 저 물건이 필요하다는 말로 나를 속인다. 사람은 저 멀리 있지만 물건은 내 가까이에 있다. 외로운 현대인은 홈쇼핑에서 위안을 찾고, 먹방에서 대리만족을 느끼고, 라이브 채팅에서 함께한다는 위로를 받는다.

물론 외로움을 극복하는 더 현명한 방법들이 있다. 운동이나 야외활동은 외로움을 감소시키는 데 탁월한 효과가 있다. 이런 활동을 적극적으로 하는 사람들은 홈쇼핑 방송을 더 적게 보고 그만큼 필요 없는 물건을 살 일도 줄어든다. 물론 집에 앉아서 텔레비전을 보는 것보다는 훨씬 큰 의지와 활력이 필요하기에 모든 이들에게 적합한 대안이 될 수는 없다. 소외와 무력에 지쳐가는 이웃을 적극적으로 발견하고, 이들에게 사람들과 접촉할 기회를 제공하는 사회복지 시스템이 필요하다. 지금으로부터 50년 전 MIT의 세 명의 과학자가 쓴 보고서에는 이렇게 쓰여 있다.

사람들에겐 그토록 많은 자동차가 필요하지 않다. 그들에겐 감탄과 존경이 필요하다. 사람들에겐 그토록 많은

'새 옷이 필요하지 않다. 그들에겐 그들이 매력적이라는 느낌과 흥분, 다채롭고 아름답다는 느낌이 필요하다. 사람들에겐 전자적인 오락거리가 필요하지 않다. 그들에겐 그들의 마음과 감정을 차지할 수 있는 흥미로운 무언가가 필요하다.

— 도넬라 H. 메도즈 · 데니스 L. 메도즈, 『성장의 한계』 중에서

주변을 돌아보자. 부모님이 혹은 친구가 필요도 없는 물건들을 홈쇼핑을 통해 구입하고 있는가? 그렇다면 왜 쓸데없는 물건을 사 모으냐고 타박하기 전에 나의 관심이 필요한 것은 아닌지 자문해보자. 그는 지금 자신이 할 수 있는 나름의 방법으로 외로움과 싸우고 있는지도 모른다.

Chapter 13 행복의 유효기간

ᕦᕤ

소확행으로
우리는 행복할 수 있을까?

'소확행'이란 단어가 한창 유행했다. 갓 구운 빵을 먹을 때의 경험처럼 '소소하지만 확실한 행복'을 뜻한다는 이 신조어는 소설가 무라카미 하루키가 사용하기 시작했다는데 지금은 어디서나 쉽게 들을 수 있는 일상어가 되었다.

'일상 속에서 즐거움을 발견하자'라는 이 메시지는 '자신을 위한 시간에 투자하자'는 뜻을 담고 있다. 인기 유튜버들은 시간을 내서 악기를 배우고, 라면에 신선한 채소를 첨가해 건강까지 챙기는 등 다양한 소확행 리스트를 오늘도 제안하고 있다.

인간은 누구나 행복해지기를 바란다. 그리고 심리

학자들은 그 어느 분야의 연구자보다도 행복에 관심이 깊다. 몇 가지 의문이 자연스럽게 떠오른다. 과연 소확행이 정말로 행복을 가져오는 것일까? 만일 그렇다면 그 효과는 얼마나 지속되는 것일까? 더 나아가 소확행은 인간의 고통을 치료할 수 있을까?

소확행과 행복의 함수

많은 사람들이 소확행을 행복에 이르는 길이라고 믿는다. 한 대학신문이 조사한 20대의 의식 조사에서 70퍼센트가 넘는 응답자가 소확행에 공감한다고 응답했다. 바로 지금 이 순간 느낄 수 있는 작은 행복이 소중하다는 것이다.

문제는 현재의 행복도를 묻는 질문에 같은 응답자의 82퍼센트가 행복하지 않다고 반응했다는 점이다. 소확행의 효과를 충분히 알고 있는 이들이 일상에서 행복을 찾고 있지 못하다는 것은 아이러니하다.

그렇다면 이들이 말하는 소확행에는 어떤 한계가 있는 것일까? 사람들에게 무엇이 소확행인지 물으면 가장 빈번한 응답은 냉장고에 술과 안주를 채워놓고 감상하는 것이나 오직 자신을 위한 물건을 사는 데 돈을 쓰는 '금융 치료' 같은 것을 들곤 한다. 소소한 일상에서 만족을 찾자던 소확행의 본래의 뜻은 뒷전으로 물러나고 '소비를 통한 확실한 행복'이 이를 대체하고 있는 것이다.

모든 사람들이 질 수밖에 없는 게임

그렇다면 질문은 바뀌어야 한다. 소비는 인간에게 행복을 가져올 수 있을까? 와인을 좋아하는 나는 여덟 병이 들어가는 작은 와인 냉장고에 그다지 비싸지 않은 와인을 가득 채우면 흐뭇하다. 문제는 그 흐뭇함을 위해 와인을 구입하는 데 경제적 부담이 적잖다는 것이다.

또한 여기에는 함정이 있다. 유튜브나 TV 예능프로그램을 보다 보면 우리 집 와인 냉장고와 그 안에 든 와인을 모두 합쳐도 구매가 불가능할 정도의 비싼 와인을 도서관의 책처럼 쌓아놓고 거침없이 들이켜는 소위 인플루언서들의 소비 행각과 마주치게 된다. 그것을 보는 순간 나의 만족감은 일순간에 정신적 공황과 열패감으로 뒤바뀐다. 소비를 통한 행복은 더 큰 소비를 하는 사람들과의 비교를 통해 쉽게 허물어진다.

물질 소유를 삶의 중심 목적으로 생각하는 물질주의적 가치관은 소비를 통해 자신의 사회적 지위를 확인받고자 한다. 문제는 수입의 한계가 있는 상황에서 남보다 더 비싼 소비를 지속하는 것은 현실적으로 불가능하다는 점이다. 내가 남보다 나은 계층에 있다는 느낌이 행복감을 가져오는데, 수입의 한계는 오히려 내가 남보다 낮은 위치에 있다는 자각을 불러일으킨다. 물질주의적 가치관을 수정하지 않는 한 작은 소비를 통한 만족은 더 비싼 소비를 하는 사람들과의 비교를 통해 무너질 수밖에 없다. 거의 모든 사람들이 질 수밖에 없는 게임인 것이다.

행복하기 위해서는 우선 스트레스를 줄이고 그 자리에 삶의 만족을 늘려가야 한다. 그러자면 일단 내 인생에 산적한 스트레스들을 해결해야 한다. 스트레스를 해소하는 데 가장 바람직한 방법은 그 문제를 직면하고 해결책을 찾아 실천해가는 것이다.

개학을 앞두고 밀린 방학 숙제에 직면하게 되면 스트레스를 받는다. 그 순간 하나하나 숙제를 해나가는 것보다 스트레스를 효과적으로 해소할 방법은 없다. 취업 걱정, 생활비 마련 등 걱정을 안고 사는 한국의 젊은 세대가 삶에서 행복을 찾지 못하는 이유는 자신의 노력만으로 삶의 문제를 풀어낼 길이 요원하기 때문이다.

소확행은 우리에게 주어진 삶의 무게를 덜어낼 수 있을까?

소확행은 문제를 직접 해결하고자 하는 시도와는 거리가 멀다. 힘든 생활 속에 잠시 그 무게를 잊고자 하는 회피적 자기 위안의 수단이다. 오늘날을 살아가는 많은 젊은이들은 힘든 스트레스를 직면하고 해결하려 하기보다는 문제를 피하고 순간의 위안을 추구하는 회피적 대처 전략을 사용하는 것으로 나타났다.

소확행은 회피 전략이 필요한 젊은이들이 선택한 일시적인 심리적 진통제인 것이다. 최저 시급을 받으며 삼각김밥으로 끼니를 때워야 하는 상황에서 나를 위해 소비하는 캔맥주는 내일 다시 다가올 청년 실업 문제의 고통을 해결하는 근본적 대책이 될 수 없다.

하지만 '순간순간 느끼는 작은 만족도 우리 인생에서 소중한 것이 아닌가'라는 반론을 제기할 수도 있을 듯하다. 그러나 우리가 주목해야 하는 것은 소확행에 몰두하는 많은 이들이 자신의 삶에 만족하고 있지 못하다는 점이다.

인간은 행복을 평가할 때 '생활의 모든 요소에 대한 총체적인 평가'를 진행한다. 당장 순간의 말초적 즐거움이 있다고 하더라도 나의 행복은 여전히 내 삶에 함께 하고 있는 도전과 스트레스를 총체적으로 고려해 판단할 수밖에 없다.

> 우리는 절대적 행복 혹은 절대적 불행을 알 수 없다. 우리의 삶엔 모든 것이 뒤섞여 있다. 가장 행복한 사람은 고통을 가장 적게 겪고 있는 사람이며, 가장 비참한 사람이란 쾌락을 가장 적게 느끼는 사람이다.
>
> ― 장 자크 루소, 『에밀』 중에서

퇴근하며 오랜만에 맛본 붕어빵이 내 삶에 일시적 즐거움을 줄 수 있을지는 몰라도 여전히 내 인생에 중요한 의미를 가지는 학자금 대출과 월세, 좁기만 한 정규직 취업 기회에서 오는 괴로움을 이겨낼 수는 없는 것이다.

소비와 소유로 이어지는 행복의 유효기간

소확행이 무의미한 시도라고 말하려는 것은 아니다. 다만 주말에 시간을 내서 사랑하는 연인과 드라이브를 가는 행위와 내 능력이 허용하는 최대 수준으로 지출해서 명품 브랜드의 핸드폰 케이스를 구매하는 것 모두를 세상은 소확행이라고 주장하고 있음을 지적하고 싶다.

두 가지 방법에는 설령 실제 지출액이 유사하다고 하더라도 중요한 차이가 있다. 그것은 바로 돈을 쓰는 목적이다. 심리학자들은 소비에 두 가지 측면이 존재한다고 본다. 하나는 '소유'이고, 다른 하나는 '경험'이다.

소유를 목적으로 하는 소비를 물질 소비라고 부른다. 새 옷을 사는 행위는 대표적인 물질 소비다. 큰맘을 먹고 옷을 사지만 그 옷이 내 방 옷장에 걸리는 순간, 그 아름다움과 만족감은 매장에서 옷을 보았을 때와 비교할 수 없을 정도로 크게 감소된다. 그리고 얼마 지나지 않아 깨닫는다. 여전히 입을 옷은 없고, 구매한 옷들을 보면 후회만 남는다. 물질 소비는 구매의 순간부터 빠르게 만족을 소진시킨다.

> 소비는 소유의 한 형태이다. 아마 오늘날 풍요로운 산업 사회의 가장 중요한 소유 형태일 것이다. … 한편 소비는 사람으로 하여금 항상 더 많이 소비할 것을 요구하게 된다. 이전의 소비가 곧 그 만족감을 상실하기 때문이다.
> — 에리히 프롬, 『소유냐 존재냐』 중에서

에리히 프롬은 또한 현대의 소비자들을 "내가 가지

고 있는 것 + 내가 소비하는 것"으로 정의한다. 하지만 경험 소비는 이 등식 속 소비의 의미와는 사뭇 다르다. 물건을 위해 돈을 쓰는 게 아니라 내 머릿속에 오랫동안 남아 있을 경험을 얻기 위해 돈을 쓰는 것이 경험 소비이다. 새 자동차를 살 돈을 포기하고 가족과 해외여행을 가는 것, 먼 곳에서 인사를 온 제자와 근사한 식사를 함께하는 것 등이 경험 소비다.

경험 소비는 물질 소비와는 정반대의 특성을 갖는다. 자기만의 소유를 강조하는 물질 소비가 빠르게 만족을 감소시키는 반면, 시간을 투자하여 누군가와 함께 공유한 경험 소비는 그 소비가 일어나는 순간뿐 아니라 경험이 끝난 뒤에도 '기억'의 형태로 행복의 크기가 증가하는 경향을 보인다.

경험 소비는 힘이 세다

2021년 나는 교수생활을 시작하고서 처음 맞는 연구년을 스위스에서 보내게 되었다. 그 많은 나라 중에서 하필이면 가장 물가가 비싸다는 스위스에 가야 하는지에 대해 많은 고민이 있었지만 코로나 바이러스가 기승을 부리던 그 시기에 나를 초청해준 곳은 스위스가 유일했다.

생활비를 모두 털었지만 스위스에서의 일상은 여유롭지 못했다. 변변한 외식도 하기 어려울 정도로 짠내 나는 생활을 했다. 당시에는 불평도 불만도 제법 있었지만 한국에 돌아온 우리 부부는 지금도 스위스에서의 한때를 떠올리며 행복해하고 있다. 그 추억으로 지금을 산다고 해도 과언이 아니다. 매번 똑같은 단벌 차림으로 여행을 다니고, 공원 벤치에서 샌드위치를 먹으며 생활했지만 처음으로 두 사람이 아무 고민 없이 지낼 수 있었던 그때의 기억은 인생에 다시없는 '동화 같은' 추억이 되었다.

경험 소비의 힘은 이런 것이다. 소비를 하는 순간은 괜한 일에 돈을 쓰는 듯하지만 두고두고 오랫동안, 아니 시간이 지날수록 더욱 커지는 행복감을 안겨준다. 행복에 이르는 길은 물질적 소비에 있지 않다. 내 몸을 움직여서 얻는 경험을 통해 얻은 행복감은 쉽사리 사라지지 않는다.

심리학에서는 우울증 환자의 치료에 '활동'을 적극 활용한다. 우울증에 빠져 아무것도 하려 하지 않는 환자에게 억지로라도 이전에 즐거움을 주었거나 유능함을 느끼게 해주었던 행동을 다시 하도록 격려하는 것이 치료의 주요 전략이다. 물론 환자들은 이런 조언에 비관적인 전망을 보인다. 생각이 부정적으로 변화되는 것이 우울증이기에 어쩔 수 없는 일이다. 하지만 어떻게든 그 행동을 시작하기만 하면 지금까지와는 완전히 다른 일이 일어난다. 행동은 긍정적인 경험을 이끌어내고, 경험이 축적되면서 우울증 환자는 어둠의 긴 터널에서 빠져나갈 출구를 찾게 된다.

별 보러 가지 않을래?

행복은 왜소하고 허약했다. 반면 불행은 튼튼하고 힘이 셌다. 불행은 행복과 마주치기만 하면 덤벼들고 못살게 굴었다. 행복은 견딜 수가 없었다. 이리저리 피해다니다 결국엔 하늘로 피신했다. 행복은 제우스 신에게 하소연했고, 제우스 신은 해결책을 제안했다. "너희 모두 여기 있으면 불행에 괴롭힘을 당하지 않아서 좋겠지만, 사람들이 너희를 좋아하고 오기를 기다리고 있으니, 한꺼번에 내려가다 불행에 잡히지 말고 하나씩 하나씩 행복을 얻을 수 있는 사람에게 뛰어가도록 하여라."

『이솝 우화』 속 한 이야기다. 이 이야기처럼 행복은 발견하기 어렵고 어느새 사라진다. 그래서 소소한 것에서 행복을 느끼는 삶의 태도는 귀하다. 문제는 그 소소함이 그저 소소한 지출을 의미해서는 안 된다는 점이다.

자본주의에 포섭된 소확행은 구매력이 저하된 젊은 세대에게 그나마 얼마의 돈이라도 뽑아내려는 치졸한 돈벌이 수단으로 변질되고 있다. 실제로 어느 순간 미디어를 도배하고 있는 소확행은 행복을 위한 작은 실천이 아니라 신상품을 소개하는 문구로 전락했다.

소유는 행복에 이르는 답이 될 수 없다. 소확행의 본래의 뜻을 다시 환기해야 할 시점이다. 하늘이 맑은 어느 날, 사랑하는 연인과 뒷산에서 별을 보는 건 어떨까? 맥주 한 캔 들고 올라가도 좋겠다. 중요한 건 그 소비의 액수가 아니라 소중한 사람과 특별하게 보낸 시간의 질이다. 소유는 유한하고 추억은 영원하다.

나와 같이 가줄래

너와 나의 걸음이

향해 가는 그곳이

어디일진 모르겠지만

혼자였던 밤하늘

너와 함께 걸으면

그거면 돼

— 적재, 「별 보러 가자」 중에서

왜 가난한 사람들이 도널드 트럼프를 지지했을까?

박사학위를 마친 뒤 잠시 박사 후 연수를 받기 위해 미국 테네시주의 주도 내슈빌에 살 때였다. 테네시는 미국 주별 GDP를 비교한 2021년 순위에서 18위를 차지하는 중위권 정도의 지역이다. 하지만 이보다 더 유명한 것이 이곳의 강력한 보수적 정치 성향이다.

2000년 대선에서 테네시는 자기 지역 출신인 민주당 엘 고어 후보를 외면하고 강경 보수성향의 공화당 부시 후보를 밀어준 것으로 유명하다. 주민 대부분은 복지 혜택의 증대로 이득을 볼 수 있는 이들이지만 오히려 복지 정책을 혐오한다.

미국의 이런 정치 지형과 투표 행태는 어제오늘 일이 아니다. 가까이는 2020년 바이든과 트럼프의 대통령 선거에서도 비슷한 현상이 재현되었다. 캘리포니아, 위스콘신, 워싱턴 D. C., 일리노이, 뉴욕 등 산업화된 대도시가 밀집한 지역에서 바이든이 선거인단을 획득한 반면, 소위 미국의 '깡촌'이라 불리는 중부 대부분의 지역에서 트럼프가 승리했다. 도시는 진보, 농촌은 보수라는 공식이 그대로 적용된 것이다. 실제 트럼프를 지지한 핵심 계층은 백인 노동자 계층이었다. 미국만의 일은 아니다. 사회적 계급이 낮은 사람들이 오히려 자신의 정체성에 반하는 보수 정당에 투표하는 '계급 배반 투표'는 세계적인 트렌드가 되어가고 있다.

이 이유를 심리학적으로 풀기 위해서는 먼저 받아들여야만 할 전제가 있다. 그것은 심리학이 인간을 이성적인 존재로 바라보지 않는다는 것이다. 비싼 뷔페 레스토랑에 가서 들인 돈이 아까우니 본전을 뽑아야 한다며 무리한 과식을 하는 것과 같은 인간의 선택이 대표적이다. 내가 아무리 많이 먹어도 지불한 돈이 환불되지는 않으므로 몸을 상해가며 과식을 할 이유는 없지만 인간은 대개 무리한 선택을 하고야 만다.

정치적 행동에서도 비합리적인 모습이 종종 발견

된다. 자신의 계층에 이익이 될 정책을 가지고 있는 정치인보다는 무슨 이유에서인지 '내 편'이라 생각하는 정당과 정치인에 무조건적인 지지를 보내는 경우가 많다. 팀이 만년 하위권에 빠져 있어서 그 팀을 응원해봤자 아무런 보상을 받을 수 없음에도 꿋꿋하게 자기 지역의 프로야구 팀을 응원하는 야구팬들이 떠오르기도 한다. 이성적으로 따질 수 있는 잠재적 이익보다는 감성적인 것이 더 강하게 영향을 미친다는 것을 짐작할 수 있다.

보수와 진보를 가르는 대표적인 감성 영역

심리학자들은 보수와 진보를 가르는 기본적 감정으로 '불안'을 꼽는다. 정치적으로 보수적인 사람은 진보적인 사람에 비해 방어적이고 불안을 잘 느끼며 의심이 많은 경향이 있다. 이것은 실험을 통해서 검증되었다. 피부 전기 반응과 눈 깜박임은 한 개인이 얼마나 깜짝 놀랐는지를 드러내는 대표적인 생리 신호다. 그 놀람의 정도를 근전도 검사로 알 수 있는데, 거미나 피를 흘리는 사람 같은 두려움을 유발할 수 있는 사진을 보여주거나 크고 기이한 소음을 갑자기 들려줬을 때 그 반응을 측정한다. 이때 높은 생리적 반응을 보인 사람들은 다양한 정치적 사안에 대해 보수적인 입장을 취하는 것이 확인되었다. 새로운 것에 대한 불안이 높다 보니 최대한 기존에 검증된 것을 유지하고자 하는 성향이 반복되는 것이다.

소위 '좌파'라고 분류되는 사람들에게 호기심과 다양성을 받아들이고자 하는 마음이 많은 반면, '우파'에 해당하는 사람들은 무엇이 정상적이고 보편적인 것인지에 관심이 많고, 자신을 절제하려 하며, 전통과 법규를 준수하려는 경향성이 높았다.

대부분 진보 세력이 주장하는 분배 중심의 새로운 경제 정책은 불확실한 것들이다. 처음 시도하는 것이다 보니 그 정책을 실행할 때 다양한 실수나 불협화음이 생기는 것도 자연스러운 일이다. 진보적인 사람이라면 불협화음보다는 새로운 시도에 높은 점수를 주겠지만 보수적인 사람의 입장에서는 그런 불확실성과 위험함은 피하고 싶은 대상이다.

따라서 진보를 지지하는 사람들은 새로운 도전을 하는 리더를 반기는 경향이 있다. 아직 충분히 검증이 되지 않은 사안이라도 여러 사람과 논의하며 답을 찾아나가는 것을 정치의 한 과정이라고 보는 것이다.

하지만 보수적 성향의 불안이 높은 사람들에게 아직 가보지 않은 길을 함께 고민하며 문제를 해결하자는

◆◆

진보의 주장은 그저 무능하고 무책임한 것으로 받아들여진다. 그보다는 나를 따르면 된다고 외치는 확신에 찬 리더가 대신 결정하고 이끌어주는 것에 더 편한 마음이 드는 것이 보수의 특징이다. 거만하다든지, 자기의 이권을 채우며 살아온 경력이 있다든지 하는 것이 선택에 큰 영향을 미치지는 않는다. 미국에서 트럼프의 열혈 지지자들이 그의 인간적 됨됨이에 크게 좌우되지 않았던 것처럼 말이다.

자신의 계급에 대한 왜곡된 지각

계급 배반 투표는 자신의 계급에 대한 왜곡된 지각에서 비롯된다는 주장도 있다. 상당수의 노동자 계층들은 스스로를 중산층이라고 응답하는 경향을 보인다. 이러한 경향은 선진국과 후진국 모두에게서 관찰되며, 교육 수준과도 관련 없이 보편적으로 나타났다. 중요한 점은 스스로의 계급을 실제보다 높게 판단할수록 정치적 의사결정에 대해서도 보수적인 성향을 보인다는 것이다.

실제 중산층(middle class)이라는 개념이 처음 도입되었을 때 이 계급은 일정 수준의 부와 자본을 소유하고, 자신의 사업체나 고수입의 지적 노동을 제공할 수 있는 사람들을 의미하는 것이었기에, 안정적인 월급을 받는다는 이유로 노동자들이 스스로를 중산층이라고 생각하는 것은 정확한 판단이라고 할 수 없다.

> 그림을 액자에 보기 좋게 넣어 벽에 잘 걸었을 때, 나는 마치 그 그림을 내가 그리기라도 한 것 같은 자랑스러운 감정에 휩싸일 때가 있다. 더 정확하게 표현하면, '그 그림을 내가 그린 것과 같은 자랑스러운 느낌'이 아니라, 그 그림을 그리는 것을 거든 것 같은 자랑스러움, 이를테면 극히 작은 부분이지만 그 그림을 내가 그린 것 같은 자랑스러운 느낌이다.
>
> ― 루트비히 비트겐슈타인, 『반(反)철학적 단장』 중에서

어쩌면 '정신 승리'라고도 볼 수 있는 자신의 계급에 대한 부풀려진 지각은 자기보다 높은 수준의 경제적 이익을 추구하는 사람들과 자신의 입장을 동일시하게 만든다. 본인이 소유하고 있는 주택이 종부세의 기준에 현저히 못 미치는데도 불구하고 이 세금에 대해 적대적인 태도를 보이는 사람, 소득 수준에 걸맞지 않은 명품에 대한 특별소비세에 분노하는 사람들에게서 이런 현상을 관찰할 수 있다.

시스템 정당화 이론

자신의 이익에 반하는 정치세력을 지지하는 현상을 설명하는 또 다른 심리학적 설명은, 사람들은 자신이 사는 세상의 질서나 지배체제가 정당한 것이라고 믿고 싶어 하는 경향이 있다는 것이다.

'시스템 정당화 이론(System Justification Theory)'이라 불리는 이 현상은 불안이 높고 스스로에 대한 자존감이 낮은 저소득 계층에서 흔히 나타난다. 이들은 시장경제와 자유경쟁 체제가 정상적으로 잘 돌아가고 있다고 생각하며, 기회 또한 비교적 공정하게 주어지고 있다고 여긴다. 물론 현재의 체제가 완벽하다고 믿지는 않지만 이보다 더 나은 세상이 올 가능성은 거의 없다고 전망하며, 현재의 체제가 그나마 최선이란 생각으로 만족하며 살아가는 것이다. 물론 이는 사회의 변화를 가로막고 기득권층들의 지배구조를 영속화하는 데 협조하는 결과로 귀결된다.

그렇다면 이들은 왜 부당한 현실에 만족하는 걸까? 여기서 우리는 만족감이 지극히 주관적이라는 점을 주목해야 한다. 실세로 현실이 정당하다고 믿는 저소득층은 부당하다고 믿는 사람들에 비해 더 긍정적인 정서를 느끼며 살아가는 경향이 있다. 모든 게 마음먹기에 달렸

으니 바꿀 수 없는 현실이라면 그 현실을 적극적으로 받아들이고 만족하겠다는 것이다. 불안이 높은 이들에게 어떤 위험이 닥칠지 모르는 새로운 체제와 변화는 그저 기피의 대상일 뿐이다.

다음 세대가 원하는
다음 시대의 정치인

심리학적 관점에서 살펴보면, 보수나 진보는 결코 자신의 처지와 그에 따른 유불리로 결정되는 것이 아닌 듯하다. 우리는 마치 큰 신념을 가지고 있는 것처럼 정치적 논쟁에 참여하지만 우리가 진보나 보수의 길을 걷는 것은 어쩌면 아주 오래전부터 우리의 기질 속에 정해져 있던 것인지도 모른다. 두려움이 큰 사람은 변화의 길을 외면할 것이고, 새로운 도전에 대한 기대가 큰 사람은 낯선 선택의 위험을 기꺼이 감수할 것이다.

한국의 근대사는 진보적인 선택에 유리한 기질을 가지고 있는 국민의 수가 보수에 적합한 수에 비해 열세에 있음을 말해주고 있다. 수많은 외침과 한국전쟁을 겪으며 격변의 시기를 지나온 이들에게 그나마 확보된 조금의 안정을 뛰어넘는 시도는 쉽지 않을 것이다.

그렇다면 한 가지 질문이 남는다. 그렇게 불안이 높은 사람들이 모여 있는 한반도에서 상대적으로 진보적인 성향의 대통령이 세 번이나 탄생한 것은 어떻게 설명할 수 있을까? 우리 역사에서 탄생한 진보 진영 리더들은 하나같이 강력한 카리스마로 국민을 이끌었던 사람들이다. 독재 권력의 총칼 앞에서 변화를 갈망할 때, 불확실함에도 불구하고 의지할 수 있는 리더가 많은 이들이 원하는 리더의 모습이었다.

언젠가 번영과 안정의 시대가 지속되면 변화를 기꺼이 수용하고자 하는 사람들과 과거의 좋은 유산을 지켜나가고자 하는 사람들이 균형을 이룰 수 있을 것이다. 그때에는 '강력한 지도력'이나 '카리스마'와 같은 수식어 없이 그저 '친근한', '공감하는', '경청하는' 리더가 인정받을 것이다.

열 번 찍어
안 넘어가는 나무 없다는
위험한 착각

'열 번 찍어 안 넘어가는 나무 없다'는 아무리 어려워 보이는 일도 꾸준히 노력하면 이루지 못할 일이 없다는 뜻의 우리 속담이다. 어려운 일이라고 지레 포기하지 말고 도전하라는 좋은 뜻을 가지고 있는 이 말이 언제부터인가 변질되어 사용되기 시작했다. 바로 남녀관계에서이다. 아무리 나에게 호감을 보이지 않고 만남을 거절하는 상대라 하더라도 그런 상대방의 거절 의사를 신경 쓰지 말고 꾸준히 접근하면 결국 자신에게 마음을 열 것이라는 기대와 믿음을 담고 있다.

이런 왜곡이 남성들에게 팽배하다 보니 한두 번

거절 의사를 보이는 이성을 포기하는 것은 오히려 못난 남자의 표본처럼 이해되기도 한다. 게다가 겉으로는 거절하는 척하지만 실제로는 몇 번 더 요청하기를 바라는 게 여성의 심리라는 잘못된 '골목 심리학'이 그런 왜곡을 부채질 하기도 한다.

미국에서 공부할 때의 일이다. 한 한국 유학생이 분명한 거절의사를 표한 여학생을 따라가다가 경찰의 신고를 받고 현장에서 체포되는 촌극이 벌어지기도 했다.

외모의 힘

첫 만남에서 호감을 결정하는 가장 중요한 요소는 '외모'다. 외모의 중요성은 고전적인 심리학 문헌에서도 여러 차례 강조된 바 있지만 여론조사를 통해 더 극명하게 나타난다. 2019년 실시된 한 인터넷 여론조사에서는 첫인상에 가장 큰 영향을 미치는 요인에 대해 잘 생긴 외모 40퍼센트, 깔끔한 복장 23퍼센트, 헤어스타일은 3퍼센트 순으로 나타났다. 그야말로 겉으로 보이는 모습이 압도적임을 알 수 있다.

매력적인 사람은 주변의 도움을 이끌어내기도 쉽다. 미국에서 진행된 한 실험에서는 의도적으로 대학원 지원서류를 공항의 전화 부스에 놓아두었다. 지원서에는 사진이 붙어 있었고, 외모의 매력 수준이 높은 경우와 낮은 경우로 나누었다. 매력의 정도에 따라 서류의 회수율이 달라지는지를 확인하는 것이었다. 통상적으로 이런 서류는 습득한 사람이 우체통에만 넣어주면 주인을 찾아갈 수 있기 때문이다.

예상 가능하듯이 매력적인 사진이 붙어 있는 지원서의 회수율은 47퍼센트였다. 이는 매력적이지 않은 사람들의 35퍼센트보다 뚜렷이 높은 비중이다. 매력적인 사람이라면 상대의 마음을 얻기 위해 애초에 열 번을 도전할 필요도 없을 것이다. 상대방은 기꺼이 당신의 제안에 응할 테니 말이다.

마음에 드는 사람과 그렇지 않은 사람을 구분하는 것은 생명체가 진화하는 데 필수적 요소이자 능력이기도 했다. 유해한 환경과 도움이 되는 환경을 빠르게 변별하지 못하는 생명체는 생존경쟁에서 살아남기 힘들기 때문이다. 낯선 사람의 선호를 결정하는 것 또한 마찬가지 원리다. 당신을 거절한 이성은 도도한 속물이 아니라 생명체의 생존 전략에 충실한 존재라 할 수도 있겠다.

반복 노출 효과

사실 인간의 선호란 그다지 합리적이지도 복잡한 원리로 이루어지지도 않는다. 때로는 친숙하다는 것, 무언가에 반복적으로 노출되었다는 것 자체가 호감의 강력한 원인으로 작용한다. 심리학에서는 이를 '반복 노출 효과(Mere Exposure Effect)'라고 부르는데, 특정 자극을 우리의 감각 기관에 꾸준히 제시하기만 해도 발생한다. 굳이 그 자극에 긍정적 의미를 부여할 필요도 없고, 그 자극이 강렬할 필요도 없다. 그저 무언가를 오랫동안 접하게 되면 무의식적으로 그것에 대한 호감이 발생하는 것이다.

단순 노출 효과는 동물 실험을 통해서도 검증되었다. 한 실험자가 수정된 계란에 특정 소리를 반복적으로 들려주었다. 알을 깨고 나온 병아리는 병아리의 모습을 갖추지도 못한 채 알 속에서 들었던 소리에 더 편안함을 느꼈다. 심지어 쇤베르크처럼 난해한 음악을 반복적으로 들은 쥐조차도 그 음악에 대해 선호를 보였다. 무언가를 이해해서 그것을 좋아하게 되었다고 결론을 내리기엔 새끼 쥐들의 취향이 너무나 고상하지 않은가?

반복 노출 효과가 발생하는 이유를 단지 노출된 대상에 대해 친숙함을 느껴서라고 단정하기는 어렵다. 인간이 자각할 수 있는 수준이 아닌, 자각하기 힘든 역치 이하 수준으로 자극하는 실험에서도 반복 노출에 의한 긍정적 선호는 그대로 나타났기 때문이다. 오히려 의도적으로 본인이 알 수 있게 노출시킬 때보다 인지하기 힘든 방식으로 빠르거나 약하게 제시한 경우의 효과가 더 탁월했다. 내가 자주 본 존재에 대해 주관적으로 친밀함을 느낀다기보다는 나도 모르게 자주 접했던 존재에 대해 이해할 수 없는 호감을 형성하게 되는 것이다.

조건화 과정

단순 노출 효과가 어떤 이유로 나타나는 것인지는 오랫동안 심리학자들의 논쟁거리였다. 이 현상을 가장 먼저 발견한 스탠퍼드 대학의 로버트 자이언스(Robert Zajonc) 박사는 다음과 같은 가능성을 제시했다. 단순 노출이란 일종의 조건화 과정이라는 것이다. 조건화 과정이라면 우리는 파블로프의 조건반사를 통해 익숙하게 알고 있는 현상이다. 파블로프의 개는 먹이를 받기 전에 울리던 종소리가 반복되자 어느 순간부터는 종소리를 듣는 것만으로도 침을 흘리기 시작하였다. 종소리는 먹이와는 아무 관련 없는 자극에 불과하지만 먹이와 반복적으로 짝 지워지면서 마치 먹이와 유사한 생리적 반응을 유발시키게 된 것이다. 먹이가 침샘을 자극하는 것은 생명체가 타고난 것이지만 소리에 의해 침샘이 자극되는 것은 반복된 연결을 통해 습득된 일종의 학습이다.

그렇다면 단순 노출 효과에서는 무엇과 무엇이 학습되는 것인가? 반복적으로 노출되는 어떤 존재는 파블로프 개의 종소리와 마찬가지 역할을 한다. 여기서 중요한 것은 먹이의 역할이다. 단순 노출 효과에서 먹이의 역할을 하는 것은 '아무 일도 일어나지 않음'이다. 실제 단순 노출 효과에서는 특정 대상이 반복적으로 노출될 뿐, 그 이외의 어떤 일도 벌어지지 않는다. 그 자극은 어떤 다른 정서를 유발시키지 않는 '중립적'인 존재인 것이다.

중립적인 존재가 파블로프 개의 먹이와 같은 효과를 가진다는 것이 의아할 수도 있다. 특정 대상과 달콤한 초콜릿이 연결되는 것도 아닌데 아무 일도 벌어지지 않는 존재에 대해 호감을 느끼는 것이 이상하다고 말이다.

하지만 인류가 생존해온 고단한 역사를 돌아볼 필요가 있다. 변변한 근육도, 날카로운 이나 발톱도 가지지 못한 것이 인간이다. 수많은 잠재적 포식자들을 경계하고 살아야 하는 인류에게 '아무 위해를 가하지 않는' 존재란 무척이나 반갑고 소중한 것이었음을 짐작할 수 있다.

인류는 낯선 환경을 탐험하면서 가끔씩 발견하는 무해한 존재들을 가까이하며 그들의 활동 범위를 넓혀왔을 것이다. 우리의 생존 시스템에는 무해한 것에 대한 호감이 자연스럽게 자리 잡고 있는 것이다.

섣부른 고백 금지

만일 심리학 강의나 교양서에서 들어본 단순 노출 효과를 상기하며 무모하게 '들이댐'을 반복하고 있다면 즉시 그 행위를 멈춰야 한다. 단순 노출 효과란 해당 인물이 중립적인 이미지를 가지고 있다는 것이 전제되어야 한다. 아무 느낌도 없던 어떤 존재를 우연한 기회에 자꾸 만나고, 그때마다 별다른 나쁜 일이 생기지 않으며, 이러한 경험이 여러 번 반복될 때만 가능한 효과다. 만일 첫 만남에서 상대가 나에 대해 비호감을 표현했거나, 상대방의 동의를 구하지 않은 막무가내식 접근으로 상대방이 공포나 불쾌감을 느꼈다면 그 이후의 시도는 이미 실패한 것이다. 혐오 자극에 대한 학습이기 때문이다.

누군가에게 관심이 있고 그 대상에게 호감을 얻고 싶다면, 그런데 내가 타고난 외모나 능수능란한 매너를 지니고 있지 못하다면, 단순 노출 효과에 의지하는 장기

전을 기획해 볼 수 있다. 그 접근은 지극히 자연스럽고 간결해야 하며 지속적이어야 한다. 중간에 어설픈 고백이라도 서둘러 했다가는 모든 일이 수포로 돌아갈 것을 명심하고서 말이다. 19세기 이탈리아의 동물학자 조반니 그라시(Giovanni Battista Grassi)가 "타인에게 호감을 사기 위한 유일한 방법은 가죽 중에서도 가장 어리석은 것의 가죽을 둘러쓰는 것이다"라고 가르쳐주었듯이, 핵심은 상대에게 '무해한 사람'임을 증명하는 일이다. 그리고 호감의 법칙을 떠나 혐오를 유발하는 행위는 범죄라는 사실을 기억하도록 하자.

PART IV

마음의 병에 관한
새로운 이해

Psychologically speaking

숨김도 거짓도 없는
한 세계에 관하여

늘 순진하지만 말고, 뱀 같은 교활함과 비둘기 같은 순진
함을 골고루 구비하라. 정직한 사람처럼 속이기 쉬운 사
람들은 없다. 거짓말 안 하는 사람은 쉽게 믿고, 속이지
않는 사람은 쉽게 타인을 신뢰한다. … 속임수를 피하는
데 능숙한 두 종류의 사람이 있다. 경험이 있는 사람과
교활한 사람이다. 경험 있는 자는 속임수에서 빠져나가
려 하고, 교활한 사람은 일부러 그 속임수로 빠져든다.

—발타자르 그라시안, 『세상을 보는 지혜』 중에서

쇼펜하우어가 너무나도 좋아했던 스페인의 작가

발타자르 그라시안에 따르자면, 세상에는 뱀이 될 수 없는 사람, 오직 비둘기로만 살 수밖에 없는 사람이 있다. 의도는 아니다. 능력도 아니다. 거짓말이라는 것을 머릿속에서 생각해낼 수도, 상대방의 거짓말을 알아챌 수도 없는, 일종의 질환을 앓고 살아가는 사람들…. 바로 사회적 의사소통 장애를 가진 이들이다.

"자폐인들은 거짓말을 못합니다!"

2019년 많은 이들에게 감동을 선사한 이한 감독의 영화 〈증인〉의 유명한 대사다. 영화 속 자폐를 가진 소녀 지우는 그 누구보다도 정확한 증언으로 미궁에 빠져 있던 사건을 해결하는 데 기여한다.

과연 자폐인은 누구보다 정직할까? '자폐인은 거짓말을 못한다'는 것과 '자폐인은 정직하다'는 말의 의미는 다르다. 자폐스펙트럼 장애를 가진 이들이 거짓말을 못한다는 것은 자신이 아는 것과 다른 '진실'을 이야기할 수 있는 능력이 없다는 뜻이다. 무슨 소리를 들었냐고 질문을 받으면 그저 들은 바를 그대로 전한다는 것이다.

불과 얼마 전까지만 해도 타인과의 상호작용과 의사소통에 심각한 문제가 있는 사람들은 모두 '자폐인'이라고 불렸다. 그런데 자폐에 대한 연구가 축적되면서 세상에는 전형적인 자폐증과는 다른 특성이 있는 사람들도 있다는 것이 확인되기 시작했다.

언어적·비언어적 형태의 의미 파악

정신건강 전문가들은 '자폐증'에 '스펙트럼'이라는 단어를 더해 '자폐스펙트럼 장애'라는 명칭으로 부른다. 그만큼 증상이 다양하기 때문이다. 가장 전형적인 자폐스펙트럼 장애의 모습은 타인과의 상호작용 곤란, 의사소통 능력 부족, 특이한 것에 대한 관심, 반복적인 행동 등이다. 그런데 특이한 것에 대한 관심이나 반복적인 행동은 보이지 않고, 오직 타인과의 상호작용에서만 문제를 겪는 일부 자폐아들이 관찰되었다. 완전하지는 않지만 언어를 충분히 구사하는데도 불구하고 상황에 맞는 말을 하거나 상대방의 의도를 이해하는 능력이 크게 부족한 사례였다.

아동정신병리학자들은 이 아이들이 자폐의 범주로 보기에는 무리가 있다는 결론에 이르게 된다. 그래서 2013년에 발간된 《정신장애 진단 기준》에는 '사회적 의사소통 장애(Social Communication Disorder. SCD)'라는 새로운 진단명이 등장한다. 사회적 의사소통 장애는 "언어적·비언어적 형태로 자신의 의사를 타인과 교류하는 능력에 현저한 장애가 있는 경우에 진단"하는 것으로 결정되었다.

소리를 내서 말을 하고 타인의 언어를 알아듣고 글을 읽는 등의 의사소통에 큰 문제가 없어 보이는 것이 이들의 특징이다. 하지만 이들의 특별함은 좀 더 깊은 관계를 맺어보면 더 잘 알게 된다. 이들은 다른 의미를 함축한 언어를 이해하는 데 큰 어려움을 느낀다. 많은 사람들이 일상적인 대화에서, 문학 작품에서, 노래 가사에서 사용하는 각종 반어와 은유, 풍자, 상대방을 속이려는 의도가 강하지 않은 거짓말 등을 이해하지 못하는 것이다. 그래서 이 장애는 자폐의 범주가 아닌 의사소통 장애의 일부로 분류된다.

상황과 타인의 감정에 대한 이해 부족

사회적 의사소통 장애 환자들의 언어 구사력을 연구한 문헌들을 살펴보면, 이들은 단어의 의미 파악이나 문법의 이해 등에서는 비장애인과 큰 차이 없다. 핵심적인 단어와 문법을 이해하고 있다는 것은 말과 글을 이해하고 표현할 수 있는 기본적인 능력을 갖추고 있다는 뜻이다.

그런데 이들에게 심각한 문제가 나타나는 영역은

말을 사용할 상황을 선택하는 것이었다. 자신이 어떤 시점에 이 말을 해야 하는지, 어떤 말을 표현하지 않아야 되는지, 현재 상황에서는 무슨 말을 하는 것이 적절한지 등을 파악하는 실용적 언어구사 능력에서 문제가 드러났다.

이들이 가장 이해하기 어려워하는 것은 자신의 의도와 말이 다르게 표현되는 경우이다. 사회생활을 하면서 기분이 나쁘지만 때로는 "괜찮습니다"라고 말해야 하는 경우도 있다. 상대방이 걱정할까 봐 큰일이 일어났는데도 "별일 없어요"라고 말하기도 한다. 마음속에 하나의 진실이 존재하지만 그것을 숨기고 다르게 표현할 때도 있는 것이다. 단순하게 생각하면 거짓말의 한 종류라고 볼 수도 있지만 상황을 고려해서 그 순간에 해야 할 말의 수위와 뉘앙스를 조절하는 고도의 사회적 의사소통 행위이다. 이것은 상황과 타인의 감정을 동시에 고려해야만 가능한 것으로 자폐스펙트럼 장애와 사회적 의사소통 장애가 있는 경우에는 기대하기 힘든 의사소통 기술이다.

즉 이들이 거짓말을 못한다는 것은 더 정직하다는 의미라기보다는 사회적 상황에 맞게 자신의 본심과 다른 말을 외부로 전할 수 있는 능력을 지니고 있지 못하다는 것에 더 가깝다. 이들에게는 엄마가 해준 음식이 맛이 없으면 맛이 없는 것이고, 친구가 새로 한 머리 스타일이 이상하면 이상한 것이다.

상대방의 농담이나 거짓말조차도

사회적 상황에 관한 어려움은 언어의 표현에만 영향을 미치는 것은 아니다. 사회적 의사소통 장애를 겪는 이들은 상대방이 본심과 다르게, 혹은 진실과 다르게 표현하는 언어를 이해하는 데도 역부족이다. 그저 웃기자고 한 농담이나 허언을 감지하지 못해서 혼자 진지하게 받아들인다. 은유적 표현도 이해하지 못한다. 실제 대상과 아무 상관이 없는 대상을 끌어들여 설명하는 비유 방식에서 큰 혼란을 겪게 된다. 정치인이나 학자가 흔히 사용하는 지극히 모호한 표현이나, 칭찬을 가장한 비꼼과 같은 언어 유희는 이들의 감지 능력 밖이다.

사회적 의사소통 장애 환자들이 타인의 거짓말을 감지하지 못하는 가장 큰 이유는 비언어적 의사소통에 대한 해석 능력이 부족한 탓이다. 자폐스펙트럼 장애 환자가 등장하는 영화나 드라마에서 이 환자들이 사람의 표정과 그에 해당하는 감정을 연결시킨 그림을 보면서 '외우고' 있는 장면을 본 적이 것이다. 이들은 인간의 감정 대부분이 표현되는 표정에서 어떤 단서를 얻어내는 데 큰 어려움을 느낀다. 그러다 보니 전형적인 표정을 학습해서 상대방이 어떤 감정인지를 인식해야 하는 것이다. 물론 실제 사람들이 짓는 표정은 자신이 학습한 그림과는 상당한 차이가 있기 때문에 이들의 시도가 항상 성공적이지는 않다.

비장애인은 가족이 거짓말을 할 때 그 말이 진실이 아님을 쉽게 알아챈다. 상대방에게서 평상시라면 보였을 적합한 표정이나 동작이 아닌 모습이 관찰될 때, 그가 지금 입으로 하는 말이 진실이 아님을 온몸으로 표현하고 있다는 것을 감지하기 때문이다. 하지만 사회적 의사소통 장애나 자폐스펙트럼 장애 환자들은 이런 미묘한 표정을 읽어내지 못한다. 말과 본심이 다르다는 것을 이해하기도 어려운 이들에게 말과 몸짓 및 표정의 미묘한 불균형에 대한 이해는 너무나 어려운 작업이다. 이들은 실없는 농담이나 가벼운 거짓말조차도 알아차리기 어렵다.

표정을 알아차리기도 힘들고, 미묘한 상황을 이해하기도 어려우니 이들에게 사회성을 기대하는 것은 곤란하다. 상대방의 말을 끊고 자신의 이야기를 하는 경우도 허다하다. 미디어에 나오는 천재 자폐인이 그 엄청난 재능에도 불구하고 상사와의 대화나 공식적인 회의에서 부적절하고 우스꽝스러운 모습을 보이는 이유는 이 때문이다. 이들은 상황에 따라 자신이 나서야 할 때와 가만히 있어야 할 때를 구분하기 어렵고, 없는 말이라도 꺼내야 하는 순간이 있다는 것도 깨닫지 못한다. 물론 이들의 상황과 어긋한 행동에는 특별한 의도가 없다. 이들이 상사를 우습게 보기 때문에 그런 행동을 했다고 받아들여서는 안 된다. 이들에겐 그렇게 상징적인 방법으로 상사나 동료를 우습게 만들 수 있는 능력이 없다.

교활할 줄 모르는 사람들

사회적 의사소통 장애는 여러 측면에서 자폐스펙트럼 장애와 공유되는 모습이 있다. 유전적인 관련성도 있는 것으로 드러나서 자폐스펙트럼 장애 가족력이 있는 집안에서 흔히 나타난다. 어쩌면 자폐스펙트럼 중 비교적 증상이 덜한 집단 중 하나일지도 모른다. 이들은 기본적인 의사소통이 가능하기 때문에 자폐스펙트럼 장애의 진단이 가능한 3세에도 문제를 확인하기 어렵다. 이들의 문제는 사회적 상황에서의 의사소통 능력이 확인 가능한 중학생 시기 정도는 되어야 진단 가능하다.

사회적 의사소통 장애는 자폐스펙트럼 장애처럼 눈에 띄는 이상행동이나 언어 문제가 나타나지 않는다.

그래서 이들의 언어나 행동은 타인에게 더 큰 오해를 불러일으키기 십상이다. 마치 알면서도 못 알아들은 척 거짓 행동을 하고 의도적으로 남의 말을 무시하는 것으로 오해된다. 하지만 다시 한번 강조하건대, 이들에겐 그런 교활한 의사소통 능력이 없다. 이들에게 말이란 내 의도를 표현하는 수단, 그 이상의 의미를 갖고 있지 못하다.

누군가가 심각하게 분위기 파악을 하지 못하고 아무 말이나 내뱉고 있다면, 이 사람이 장애를 가지고 있을 수 있다는 생각을 해주기 바란다. 있는 그대로 정확하게 설명해준다면 이들은 당신의 말을 충분히 이해하고 받아들일 것이다.

영화 〈증인〉에서 자폐스팩트럼 장애를 앓는 지우는 자신에게 자꾸 찾아와 증인이 되어달라 요구하는 변호사 양순호에게 묻는다.

"아저씨는 좋은 사람입니까?"

그리고 극의 막바지에 스스로 대답한다.

"아저씨는 좋은 사람입니다."

사회적 의사소통 장애 환자들의 세계엔 숨김과 거짓이 없다. 모두가 침묵할 때 이들은 말할 수 있다.

위험한 거짓말쟁이 어른으로
성장하기 전에

주의력 결핍 과잉행동 장애(Attention Deficit Hyperactivity Disorder: ADHD) 아동을 키우는 것은 쉬운 일이 아니다. 집 안에서는 부산하게 뛰어다니고 부모의 지시를 따르지 않는다. 학교 생활 문제도 심각해서 학부모 면담의 주요 대상이 되곤 한다. 아이의 독특함을 품어주기 어려운 한국의 교육환경을 고려하면 담임 선생님의 말씀을 흘려듣기는 어렵다. 결국 ADHD 아동을 치료해줄 전문적인 기관을 찾아다니는 것이 또 다른 짐으로 다가온다.

그렇다고 이 아이들이 부모의 노고를 알아주는 느낌이 드는 것도 아니다. 그래도 자폐스펙트럼에 비할 바는 아니지만, 이들도 타인의 마음을 이해하는 능력이 부족하다. 충분하게 단서가 제시된 상황이 아니라면 상대방이 어떤 마음 상태인지, 상대방이 어떤 의도로 자신에게 말을 거는지 이해하기 힘들다. 한마디로 무언가를 알아서 할 것을 기대하기는 어려운 것이다. 반복적인 지시가 필요하지만 그렇다고 지시를 제대로 기억하거나 주의 깊게 담아두지도 않는다. 아이는 몇 번이고 강조한 사항을 잊어버리고 그저 해맑기만 하다.

그래도 그것이 내 아이의 타고난 모습이기에 부모는 이해하고 수용할 수 있다. 하지만 타인에게도 수용되기를 기대하기는 어렵다. 반복적으로 지시를 어기는 학생을, 선생님은 오해하기 십상이다. 혹시 이 아이가 나를 의도적으로 놀리는 것은 아닐까? 분명히 몇 번이고 말했는데, 전혀 들은 적이 없다고 주장하는 저 아이는 지금 거짓말을 하는 것이 아닐까?

ADHD 아동이 어떤 악의를 가지고 지시를 이행하지 않는 경우는 없다고 보는 편이 맞다. 이들은 그저 그 지시가 기억나지 않기 때문에 지키지 못한다. 기억이 났다 하더라도 자기 통제력으로는 해낼 수 없는 일이어서 수행하지 못한 것뿐이다.

감독이 사라진 축구팀

ADHD 아동들은 '집행 기능(executive function)'이라 부르는 인지 기능에 문제가 있다. 이 기능은 보통 우리 마음의 감독 역할을 한다. 우리 뇌가 열한 명의 팀원으로 구성된 축구팀이라면 집행 기능은 감독으로서 각 선수가 어떤 역할을 하고, 어떤 위치를 지켜야 할지 등을 결정한다.

우리가 때로는 듣기 싫은 수업을 끝까지 앉아서 들을 수 있는 것도, 맛집 앞에 차분히 줄을 서서 기다릴 수 있는 것도 이 감독님이 두뇌의 여러 플레이어들의 역할을 잘 조율했기 때문이다. 집행 기능에 문제가 있다는 것은 감독이 제 역할을 하지 못한다는 의미이다. 선수들은 제 포지션 없이 공을 따라 여기저기 몰려다니게 될 것이고, 플레이는 순식간에 오합지졸로 전락할 것이다. 이렇듯 ADHD가 보이는 부주의하고 제어되지 않는 모습은 집행 기능이 정상적 기능을 하지 못해서 생기는 행동의 결과물이다.

집행 기능의 이상은 한 가지 일, 특히 나의 관심을 끌지 못하는 일에 대해 주의를 지속하는 것을 어렵게 한다. 부모나 교사는 이 아이에게 무언가 중요한 지시를 내렸을 수 있고, 아이는 무심코 알았다고 대답했을 수도 있다. 하지만 이 아이는 그 지시를 이해하고 기억하는 데 뇌의 충분한 자원을 동원하지 않았고, 지시 사항은 순식간에 휘발되어 머릿속에서 사라진다.

인간의 뇌는 경험한 것 중 일부만을 장기기억 저장소로 이동시킨다. 꼭 기억하려는 노력이 없이는 다시 회상해내는 것을 장담할 수 없다. 그래서 부모는 분명히 지시를 내렸지만 아이는 아무것도 기억하지 못하는 일이 잦아지고 그때마다 아이는 부모가 그런 지시를 내렸는지에 대해 의아해할 수 있다. 설령 기억이 난다고 해도 충분히 노력해서 저장한 내용이 아니기에 제때에 그 지시를 '불러오기' 할 가능성도 희박하다.

결국 아이는 부모의 지시를 알아들었다는 거짓말을 한 꼴이 되고 만다. 하겠다고 다짐한 일이니 지시를 내린 어른의 입장에서는 속이 터질 만도 하다. 하지만 아이는 거짓말을 하고 있는 것이 아니다. 실제 이 아이의 머릿속에는 그 지시가 남아 있지 않다.

두려움 회피와 주변 기만

이런 상황은 이 아이를 상대하는 어른들에게는 여간 짜증나는 일이 아니다. 영문도 모르고 부모나 교사의 짜증 과

직면하게 된 아이는 그저 당황스러울 뿐이다. 앞에서 이미 말했듯이 이 아이들은 복잡한 상황과 그 속에서 벌어지는 타인들의 미묘한 감정 변화를 이해하기 어렵기 때문이다. 아이는 이 불편한 상황을 모면하기 위해 되는대로 둘러대기 시작한다. 그 순간의 불편함을 회피하기 위해 상대방을 더 화나게 하는 빤한 거짓말을 하게 되는 것이다. 지시를 잘 이해하지도 기억하지도 못하는 아이들에게 이것은 두려움을 피하려는 본능적인 반응이다.

이런 아이들 중 일부는 나이가 들어가면서 거짓말이나 기만 행위가 증대되는 품행 문제를 보이기도 한다. 나이가 들어가면서 과잉행동이나 공격성, 짜증 등이 줄어들기는 하지만, 그 대신 주변 사람들을 속이면서 적응해가는 기술이 발전하는 것이다.

ADHD가 처음 소개될 때만 해도 이 병은 성인이 되면 상당 부분 호전된다는 견해가 대부분이었다. 하지만 어린 환자들의 성장을 꾸준히 지켜본 임상 연구 결과는 상당수의 아이들이 여전히 문제를 가진 어른으로 성장해간다는 것을 보여주고 있다. 대략 60퍼센트 정도의 ADHD 아동들은 성인이 되어서까지 문제가 지속되는 것으로 알려져 있으며, 이들은 계획성이 없고 거짓말을 자주하며 지나치게 충동적인 결정을 하는 모습을 보인다고 한다. 정상적인 인간관계나 부부관계를 유지하는 데도 어려움을 겪으며 사회생활이나 직장에서도 큰 곤란을 겪는다. 결국 잦은 이직과 파경, 교통사고 등을 빈번하게 일으키는 문제 어른으로 성장한다.

성인 ADHD 환자들의 유형

성인이 된 ADHD 환자들이 경험하는 가장 큰 위기는 더 이상 자신의 삶을 책임져줄 보호자가 존재하지 않는다는 것이다. 성인으로서 이들은 자신의 인생을 홀로 책임져야 하며 때로는 사랑하는 사람까지 챙겨야 한다.

게다가 인간관계에서는 미처 예상하지 못했던 미묘한 갈등을 해결해야 하는데 이들에겐 이런 문제들이 버겁기만 하다. 인간관계에서 생긴 문제를 해결하는 가장 좋은 방법은 상황을 적극적으로 받아들이고 주도적으로 갈등의 당사자와 대화하는 것이다. 하지만 이들에겐 이런 고난도의 작업을 자연스럽게 주도할 능력이 없다. 충분한 기술이 없는 이들은 주로 타인과 대립하거나 아예 상황을 회피해버리는 파국적 선택을 한다. 이들에게 타인과 함께 하는 삶이란 힘겨운 스트레스의 연속이다.

성인이 된 ADHD 환자는 여러 가지 유형으로 나뉘

다. 사회 적응 및 대응 실패로 우울증이 함께 동반되는 유형도 있고, 품행 문제가 심화되면서 반사회적인 행동을 거리낌 없이 행하는 유형의 어른이 되기도 한다. 일부는 겉으로는 잘 드러나지 않지만 은근한 품행 문제가 있는 어른이 되기도 한다. 이들은 폭력적이고 무례한 모습을 보이기보다는 교묘하게 타인을 기만하는 사기꾼으로 성장한다. 가정이 아닌 학교에서 시작되는 거짓말은 부모도 쉽게 감지하지 못하기 때문에, 이 문제는 교정의 골든 타임을 놓치고 점점 악화된다. 순간을 모면하기 위해 시작된 거짓말이 결국 반사회적인 행동으로 발전하는 것이다.

위험한 거짓말쟁이로 성장하지 않으려면

지금까지 살펴본 바와 같이 ADHD 아동에게서는 거짓말을 하는 경우를 흔하게 발견할 수 있다. 하지만 그것은 교묘하게 잘 짜인 거짓말이라기보다는 상황을 모면하기 위한 임기응변일 가능성이 크다.

그렇다면 이들을 키우는 부모는 어떻게 대처해야 하는 것일까? 어떻게 하면 가족을 속이고 세상을 속이는 위험한 거짓말쟁이로 크는 것을 막을 수 있을까?

아동심리 치료를 담당하는 심리학자들은 아이가

거짓말을 할 때 그 진위를 가리는 데 집중하지 말 것부터 권한다. 아이는 당황스러운 마음과 두려움 때문에 순간적인 거짓말을 하는 것일 뿐, 어떤 나쁜 의도를 품고 있지 않다. 이때 중요한 것은 거짓말을 하지 않아도 부모님에게 사랑받을 수 있다는 믿음을 심어주는 것이다. 빤한 거짓말을 한다 하더라도 일단은 그 말을 믿어주고 그대로 받아주는 편이 현명하다. 거짓말을 다그치면 아이는 더 큰 불안을 느끼게 되고, 이런 상황은 추가적인 거짓말을 유발시킨다.

자신이 실수했음에도 불구하고 크게 화를 내지 않고 다음에 해야 할 일을 차분하게 알려주는 부모의 대처를 경험한다면, 아이는 거짓말을 할 필요가 없음을 알게 될 것이다. 그리고 다음번에는 자신의 실수도 솔직하게 말할 수 있는 용기를 낼 수 있다.

사랑하는 것은 전부를 믿는 것이다.

— 빅토르 위고, 『가을의 나뭇잎』 중에서

꾸준한 관심과 사랑, 그리고 인내가 결합될 때 아이는 비록 산만하고 충동적일지언정 건강한 마음을 지니고 성장할 수 있다. 어린 자녀가 거짓말을 시작할 때, 그 행위에 집중하기보다는 아이가 무엇을 두려워하는지를 먼저 헤아려야 하는 이유다. 그래야 위험한 거짓말쟁이로 성장하는 것을 방지할 수 있다.

◆◆

ʕ•̫͡•ʔ

환각과 망상,
그리고 완전히 다른 차원의 진실

친구가 자신의 직장이 자기의 개인정보를 지속적으로 외부에 팔아넘겨서 세상이 자신의 모든 정보를 다 알고 있다고 말하면 당신은 그 말을 믿을 것인가? 그 친구는 동네 슈퍼에서도 전국의 마트와 백화점에서도 이미 자신의 정보가 노출되어 모든 매장 직원들이 자신을 알아보고 주시하고 있다고 말한다. 증거가 무엇이냐고 묻자, 그들의 눈빛만으로도 알 수 있다고 한다. 점원이 반갑게 인사하는 모습에서 "어, 바로 너구나"라는 느낌을 받았다는 것이다.

　들기만 해도 황당한 친구의 이 주장은 사실일 가능

성이 희박하다. 이런 말은 주로 조현병(예전에는 주로 정신분열병
이라 불렸다)에 걸린 환자들이 하곤 한다. 이들은 국정원이 요
원을 풀어 자신의 집을 감시하고 있다고도 하고, 하느님
이 나타나 자신에게 예수가 이루지 못한 남은 과업을 이
루게 하겠다는 계시를 내렸다고 주장하기도 한다. 최고의
인기 연예인과 비밀리에 연애를 하고 있다는 사연도 치료
실에선 드물지 않다.

　　하나같이 근거 없는 이야기들이다. 듣는 이의 입장
에서는 100퍼센트 거짓말이다. 하지만 그들은 진지하다.
당신을 속일 의도 따윈 전혀 없다. 그들은 그들의 진실을
말하고 있을 뿐이다.

주변에 쉽게 드러나지 않는 비밀

대부분의 조현병 환자들은 어려서부터 대체로 내성적이
며, 주변 사람들과 거리를 두는 경향을 보인다. 그러다 보
니 이들이 특이한 생각을 가지고 있다는 것이 조기에 드
러나는 경우는 드물다. 주변에 대한 의심과 경계가 강하
기 때문에 아무에게나 자신의 이 기이한 믿음을 털어놓
지도 않는다. 환청을 듣는 경우도 많지만 처음 몇 번 정도
주변 사람에게 이런 이야기를 했을 때 아무도 믿어주지

않는다는 것을 알게 되면, 그 후로는 자신의 이야기를 숨기게 된다.

그래서 이들과 오랜 시간을 보내지 않은 사람이 이들 말의 진위를 파악하기는 쉽지 않다. 물론 자기 머리에 도청장치가 심어져 있다든가, 외계인이 매주 자기 방에 찾아와 자신을 위협하고 있다든가 하는 식의 명백히 기괴한 이야기들이라면 그 말을 믿을 사람은 거의 없을 것이다. 하지만 경찰이나 국정원에서 비밀리에 자신을 감시하고 있다고 말한다면? 이때는 그 말의 진위를 즉시 판정하기란 쉽지 않을 것이다. 지난날 독재 정권 시대의 한국에서는 비슷한 일들이 실제로 벌어지기도 했다.

그래서 정확한 진단을 위해서는 환자 외에 함께 사는 가족의 보고가 필요하다. 환자는 환청이 들리지 않는다고 말하지만 가족은 환자가 수시로 하늘을 바라보며 울부짖고 이야기하는 모습을 보았다고 진술할 수도 있다. 갑자기 혼잣말을 하며 웃는 모습을 보인다면 분명 누군가의 목소리를 듣고 있을 가능성이 높다. 환청에 비해 사례는 적지만 환시를 보는 경우들도 존재한다. 아마도 지하철을 타고 다니면서 아무도 없는 허공을 바라보며 손짓을 하고 대화를 하는 사람을 본 적이 있을 것이다. 이들은 환시를 보고 있을 가능성이 높다.

세상은 거대한 음모의 복합체다!

조현병의 핵심 증상은 망상과 환각이다. 국제보건기구에서는 자기-경험의 이상(한 사람의 느낌, 사고, 행동이 외부의 통제하에 있음)도 조현병의 중요한 증상으로 보고 있다.

환각이란 다양한 감각과 관련한 왜곡된 지각으로 외부 자극 없이 일어나는 유사 지각 경험이다. 일반적으로 환청이 가장 흔하며, 때로는 자신의 행동에 대해 간섭하는 목소리, 두 명 이상이 서로 대화하는 소리를 듣는 경우도 있다. 이런 경험을 처음 하게 되면 자신의 의지와 상관없이 들리는 목소리로 인해 심리적 혼란에 빠지게 된다.

망상은 모순된 증거를 고려하고도 쉽게 변경되지 않는 고정된 믿음을 말한다. 같은 문화를 향유하는 또래가 믿기 어렵고 이해하기 어려운 생각들의 경우 망상일 가능성이 높다. 사고 탈취(자신의 생각이 외부 세력에 의해 제거됨), 사고 주입(외계의 사고가 자신의 마음에 밀려 들어와 있음), 조종 망상(자신의 신체나 행위가 어떤 외부 세력에 의해 조작되고 있다는 믿음) 같은 증상이 있는데, 명확한 증거 없이 국가기관으로부터 감시당하고 있다는 믿음이 대표적인 예다.

이상행동에도 불구하고 이들의 의식에는 큰 문제

가 없다. 타인의 말을 잘 알아듣고 주변에서 벌어지는 일도 잘 파악한다. 언어구사 능력도 큰 문제가 없어서 이들과 지속적인 관계를 맺지 않은 사람들이라면 이상을 발견하기 어려울 수도 있다. 물론 병세가 심각해지면 허공을 바라보며 주변의 상황에 둔감해지기도 하고 위생 관리가 안 되어 몸에서 악취가 나기도 한다. 하지만 이 정도 상태에 이르면, 주변 사람들 입장에선 이 사람 말의 진위 여부는 중요하지 않을 것이다.

임상심리학자들은 조현병으로 의심되는 환자가 병원이나 치료 시설을 방문하면 우선 지능 검사를 실시한다. 보통 추론 능력을 측정하는 지각 추론 지수에서 문제가 나타나는데 이는 복잡한 사회적 상황에서 타인의 의도나 미묘한 심리를 이해하지 못하는 한계로도 나타난다.

이들은 자폐스펙트럼 장애와 마찬가지로 고도의 비유가 담긴 언어나 간접적 표현 등을 이해하는 데 큰 어려움을 보인다. 특히 타인의 마음 상태를 유추하는 능력이 부족하다. 이는 당연하게도 사회생활을 하는 데에도 문제를 유발한다. 흥미로운 것은 상황에 적절한 언어 구사(보통 이런 능력을 언어학에서는 화용언어능력이라 부른다) 능력이 부족한 이들은 타인의 거짓말을 감지하는 능력에서, 그리고 자신의 의도를 숨기고 거짓을 말하는 능력에서도 한계를 보인다는 것이다. 도저히 믿을 수 없는 거짓말을 하는 사람들 같지만 정작 이들의 거짓말 구사 능력은 심각하게 부족하다. 이들은 자신이 경험한 자신만의 특별한 '실제' 경험을 말할 뿐인 것이다.

또한 하나의 망상과 또 다른 망상을 연결하는 능력 만큼은 탁월하다. 의료진이 자신을 퇴원시키지 않고 치료를 계속한다면, 이들은 곧 의료진 또한 자신을 괴롭히는 국가기관과 한패라는 믿음을 갖게 된다. 치료 행위에 협조하는 것을 거부하고 즉시 자신을 퇴원시킬 것을 요구하다가 급기야 인권을 보호하는 국가기관에 고발하겠다는 협박을 하기에 이른다. 나 역시 병원에 근무하며 조현병 환자에게 자신을 환자로 단정한 심리 평가 보고서를 썼다는 이유로 고발 직전까지 몰렸던 기억이 있다. 이들에게 세상이란 치밀하게 연결된 음모의 복합체이다.

그들은 왜 안드로메다로 떠났을까?

한국의 통계 자료를 보면 조현병은 전 인구의 0.5퍼센트 정도에서 발생한다고 한다. 태어나면서부터 증상을 보이는 것은 아니지만 나이가 들어가면서 임상적으로 의미 있는 증상이 하나둘씩 발생하기 시작한다. 따라서 청소년기 어느 때부터는 본인이 체험하는 현실과 주변 사람이 체험하는 현실에 간극이 발생하게 된다. 그래서 본인이 의도한 것은 아니지만 타인에게 거짓말을 하게 되는 것이다.

이들이 빠져 있는 공상의 세계에서는 한 가지 중요한 공통점을 찾을 수 있다. 바로 이들이 보통 사람과는 다른 특별한 존재라는 것이다. 유독 국정원의 감시를 받고 있고, 유독 하나님의 선택을 받은 사람들이다. 외계인은 오직 이 사람만을 타깃으로 접근한다.

그런데 실제 현실에서 이들의 존재감은 보잘 것이 없다. 지극히 평범하다 못해 경쟁에서 낙오된 경우도 허다하다. 어릴 적 주변 사람들의 기대는 높았지만 그 기대를 충족하지 못하면서 무시와 거부를 당했던 아픈 기억이 있다.

이토록 아픈 현실에서의 열등감을 보상해주는 곳이 바로 공상의 세계인 것이다. 이곳에서 이들은 동시대의 인류 그 누구보다도 중요한 존재다. 비록 불안하고 고통스러운 경험일지언정 떨어진 자존감을 보상해주기에는 충분하다. 이들은 조현병이라는 세계 속에서 자기 존재의 정당성과 우월성을 추구하고 있는 것이다.

환청 및 망상과 같은 증상을 치료하기 위해서는 항정신병 약물이 필수적으로 필요하다. 하지만 근본적으로 이들이 치료에 최선을 다하게 만들고 재발을 억제하는 환경을 조성하기 위해서는 이들이 현실 속 자신을 보다 따뜻하고 긍정적으로 판단할 수 있도록 도와야 한다.

꼭 한 번 고민해보길 바랍니다!

보통 사람은 얼굴 뒤로 자신을 숨기지만, 정신병자는 얼굴을 통해서 자신을 보여준다. 다른 사람들에게 자신을 드러내고 밝힌다. 가면을 잃어버린 그는 자신의 불안을 공개하고 아무에게나 내민다.

— 에밀 시오랑, 『독설의 팡세』 중에서

나는 조현병 환자와의 상담을 진행할 때 보통 스스로를 도구로 사용한다. 대한민국 최고의 명문대를 나와야 하고, 수십억 이상의 연봉을 받아야 사람 대접을 받는다고 주장하는 환자에게 정작 나는 그의 반에 반도 미치지 못하는 삶을 살고 있는데 그럼 나는 어떤 대접을 받고 있는 거냐고 묻는다. 우리는 대부분 평범한 삶을 살고 있지만 그 또한 아름답고 재미있는 경험이기 때문이다.

흔한 일은 아니겠지만, 당신의 친구 중 한 명쯤은 어느날 불쑥 당신에게 도저히 믿을 수 없는 이야기를 고백할 수도 있다. 그때 너무 황당해하거나 두려워하기보다는 내 소중한 친구가 왜 이런 생각에 빠지게 되었을지 꼭 한 번 고민해보기 바란다.

친구의 말은 거짓말이 아닐 수도 있다. 친구가 사는 '다른 차원'의 진실일 수도 있다.

ᖰᚥ

거대한 파국을 향해 달려가는
폭주 기관차

양극성 장애는 아직 일반인에게 익숙한 질환이 아니다. 아마 조울증이라는 이름이 더 친숙할 것이다. 양극성 장애는 인간의 사회적·직업적 역할에 치명적 손상을 유발한다. 에너지 수준이 극단적으로 높아지고 흥분하는 조증과 비관 및 에너지 소진이 특징인 우울증 시기가 번갈아 나타나는 이 장애의 기분 주기는 변덕스러운 주식 시세보다 더 심하게 요동친다.

이들과 함께 많은 시간을 보내야 하는 가족이나 지인들은 이들이 거짓말을 잘한다고 여기게 된다. 이런 문제는 특히 환자가 조증 시기에 보인 말과 행동에서 비

◆◆

롯된다. 조증 시기는 환자의 에너지가 폭발적으로 상승하는 때이다. 마치 조용하던 그의 몸속에 괴력의 영혼이 갑자기 나타나 그를 지배하고 있다는 생각이 들 정도다. 조증 시기에 이들은 연예인 데뷔를 준비하고, 노벨상에 도전할 위대한 연구를 계획하며, 구글과 애플을 합쳐도 비교가 되지 않을 만큼 거대한 기업을 일으킬 프로젝트를 시작한다.

　　나에게 상담을 받던 한 남자 환자는 과시하듯 이런 말을 하곤 했다. "선생님 같은 분들이야 전혀 상상도 못하시겠지만 저에겐 치명적인 매력이 있어요. 세상 어떤 여자든 10분만 보면 다 넘어오게 할 수 있다니까요. 한번 보여드릴까요?"

　　양극성 장애 환자들을 오래전부터 알던 사람들이라면 허언을 심하게 하는 정도로 여길지도 모른다. 하지만 이들은 그냥 허풍을 떠는 것이 아니다. 실제로 누구도 생각해내기 힘든 (이 말의 뜻이 꼭 창의적이고 높은 수준의 업적이란 의미는 아니다) 기발한 생각을 학계에 발표하는 환자들도 존재한다. 한 환자는 서양 정신분석과 동양사상의 접점을 찾아 하나로 통합했다며 나에게도 정독하고 깨달음을 얻으라며 책을 보내주기도 했다. 물론 이런 작업 중에 세상을 놀라게 할 업적이 나올지도 모를 일이지만 아직 그런 대작이 발표되었다는 소문을 들은 적은 없다. 중요한 것은 이들의 허풍은 허풍이 아니라, 실제로 진행되고 있는 엄연한 현실이라는 것이다.

조증 시기에 보이는 환자들의 자신감 넘치는 허언에 속아 넘어가는 사람들도 있다. 누군가는 이 사람이 큰 부자인 것으로 오해할 수도 있고, 누군가는 너무나 유능한 사업가인 것 같아 돈을 빌려주었을지도 모른다.

우리가 통상적으로 받아들이는 거짓말이란 '나'는 그렇게 생각하지 않으면서도 상대방을 속일 의도를 품고 하는 말과 행동을 의미한다. 하지만 이들은 조증 시기를 실제 자신이 그토록 괜찮은 존재라는 믿음과 느낌으로 보낸다. 현실을 왜곡하고 착각했을지 모르지만 본인의 주관 속에서 그건 엄연한 '진실'이었기에, 이를 두고 이들을 거짓말쟁이라 매도하는 데는 무리가 있다.

조증 삽화의 몇 가지 특징

조증은 일정한 기간 동안 지속되다가 점차로 안정된다. 이 한 번의 주기를 '조증 삽화'라 부른다. 조증 삽화가 스치고 간 자리에 남는 피해는 처참하다. 무리한 시도를 위해 써버린 돈은 두고두고 큰 부담이 된다. 사채라도 끌어다 쓴 경우라면 그 문제는 더욱 심각하다. 조증 시기에 밤마다 클럽에서 황홀경을 즐기던 여성 환자는 누구의 아이인지도 모를 임신 앞에서 당황하게 될 수도 있다.

무엇보다도 심각한 것은 관계의 손실이다. 환자의 말을 믿어주었던 주변 사람과의 관계에서 회복할 수 없는 균열이 생기는 것을 피하기 어렵다. 한 사람 두 사람 환자를 비난하며 떠나고 환자는 더욱 고립된다. 고립 속에서 환자의 증상은 더 나빠지고 결국에는 또 다른 삽화가 재발한다.

이들이 조증 삽화에서 허언을 하게 되는 이유는 이 시기에 동반되는 인지적인 문제 때문이다. 이 시기에는 독특한 기억 장애가 나타난다. 과거에 실패했거나 위험했던 기억이 잘 떠오르지 않는다. 그만큼 과감해진다. 생각의 흐름이 빨라지고 말도 빨라진다. 마치 속사포 랩을 하듯이 말이 빨라지는데 이런 처리 속도에서 논리적인 생각을 기대하기는 어렵다. 논리의 궤도를 벗어난 기이한 연상이 꼬리에 꼬리를 물게 된다. 자연히 이 시기에 충동 조절 능력은 바닥을 친다. 재미있어 보이거나 성공 가능성이 보이는 행동을 하는 데 주저함이 없어진다. 판단력의 저하도 두드러진다. 예산을 적절하게 배분하고 시기를 조절하는 것과 같은 조율은 기대할 수 없다. 한마디로 거대한 파국을 향해 달려가는 폭주 기관차인 셈이다.

이 시기에는 세상 모든 것이 자기를 위해 존재하는 것 같은 생각이 든다. 환자들의 보고에 따르면 조증 시기에는 자신의 제안을 거절하는 사람에게 큰 소리로 화를 내는 것이 지극히 정당하다는 생각마저 든다고 한다. 자신의 큰 뜻을 이해하지 못하는 무능하고 어리석은 인간들에게는 최대한 모욕적이고 상처가 될 만한 말을 해서 정신을 차리게 해야 한다는 확신이 든다는 것이다.

또한 이 시기에 환자들은 세상의 모든 위험이 자신을 비켜가고 있다는 느낌을 받기도 한다. 마스크를 쓰지 않고 신나게 떠들고 다녀도 코로나에 절대 걸리지 않을 것이라 확신하고, 피임기구를 사용하지 않아도 절대 임신이나 성병 같은 것은 걸리지 않을 것이라 방심한다. 세상 모든 자동차들이 자신의 앞길을 알아서 피해주는 것 같다는 느낌에 모든 신호등을 무시하고 고속으로 달리다가 사고를 내는 환자도 있다. 그러나 조증 삽화가 막을 내리면, 죽고 싶다고, 너무나도 고통스럽다고 후회한다.

부모와 배우자의 고통

물론 환자의 가족과 지인들은 특정 시기에만 환자가 이렇다는 것을 안다. 하지만 안다고 해서 편안해질 수 없는 것이 또한 정신 장애의 영향이다. 가장 어려움을 호소하는 사람은 역시 배우자다.

결혼은 한쪽이 상대를 일방적으로 원조하는 관계가 아니다. 쌍방이 서로를 돕고 상호 의지하는 관계이다. 그런데 둘 중 한 사람이 결혼에서 요구되는 의무를 제대로 수행할 수 없다면 관계에 큰 위기가 닥칠 수밖에 없다.

인도에서 양극성 장애 환자를 둔 배우자들을 대상으로 한 조사가 있다. 여기서 상당수의 배우자는 양극성 장애 환자가 결혼을 하면 안 되는 사람이라고 답했다. 그들이 육아에서 자신이 맡아야 할 책임을 완수하지 않으며, 증상으로 인해 가족들에게 부정적인 영향을 미친다고 답했다. 절반에 가까운 배우자는 환자가 사고를 친 뒤 상습적인 거짓말로 둘러댄다고 보고했다.

이들의 거짓말은 비단 조증 삽화 때 현실 인식의 문제로 나타난 것만도 아니었다. 반복되는 배우자 역할의 실패를 모면하기 위해 문제 자체를 부정하고 상대방을 기만하는 나쁜 선택을 하고 있었다.

불안정한 상황에서 스스로 컨트롤하는
인지행동 치료

현실 인식의 문제든 책임을 지지 않으려는 동기에서든 주변 사람들에게 거짓말쟁이라는 인상을 주는 것은 바람직하지 않다. 약물 치료를 통해 조증 삽화의 재발을 최대한 막는 것도 대인관계 파탄을 막는 데 효과적일 수 있다. 하지만 더 중요한 것은 거짓말을 하는 사람으로 낙인찍히게 만드는 자신의 행동이 어떤 것인지를 이해하도록 돕는 심리 치료이다.

흔히 인지행동 치료라고 불리는 이 치료는 환자의 왜곡된 사고를 개선하는 데 도움을 주는 언어 기반 치료이다. 치료 기간 동안에는 양극성 장애 삽화기에 보이는 행동 중 인간관계에 파탄을 불러일으키는 행동이 무엇인지를 확인하고 대안적인 행동을 배우는 데 많은 시간을 할애하게 된다.

동시에 기분이 불안정한 상황에서 자신의 감정을 보다 안전하게 다스리는 방법을 익힌다. 자신의 감정 상태가 어떤지를 정확하고 빠르게 알아차릴 수 있도록 반복적으로 훈련하며, 다양한 대응 기술을 통해 불편한 감정이 나타났을 때 이를 안정시킬 전략을 미리 확보하는 것이다. 비록 양극성 장애의 발생 자체를 막을 수는 없어도, 이런 치료 과정을 통해 그것으로 파생된 문제를 오직 거짓과 기만으로 둘러대고 모면하는 행동은 개선할 수 있다.

내 한 사람의 몫을 하고 살아가는 것만으로도

지금까지 양극성 장애 환자가 그들의 의지와 별개로 거짓을 일삼게 되는 과정을 살펴보았다. 이들은 사회에서 실패하고 고립될수록 더 큰 성공을 통해 이 손실을 한번에 보상받으려 한다. 그러는 과정에서 공상적 성공에 몰입하게 되고 이로 인해 촉발된 조증 삽화는 더 큰 사회적 실패를 반복한다.

> 살고, 실수하고, 타락하고, 승리하고, 삶으로부터 삶을 재창조하는 것이다.
> — 제임스 조이스, 『젊은 예술가의 초상』 중에서

궁극적인 해결책은 환자가 아무것도 특별히 내세울 것 없는 초라한 자신의 존재를 있는 그대로 받아들이게 하는 것이다. 우리는 일론 머스크가 될 수도 없고 손흥

민의 삶을 살 수도 없다. 그저 내 한 사람의 몫을 하고 살아가는 것만으로도 가치 있는 삶이라는 것을 받아들이고 작은 성취를 위해 꾸준히 노력하는 태도를 갖게 하는 것이 치료자와 가족의 목표가 되어야 할 것이다.

골든 타임을
놓치기 전에

우울이란 무엇인가. 그것은 감각에 대한 무능력이며, 육체가 살아 있음에도 마치 죽은 것처럼 느끼는 것이다. 그것은 슬픔을 경험하는 능력이 없는 것일 뿐 아니라 기쁨을 경험할 능력도 없는 것을 일컫는다. … 오늘날 많은 사람들은 재미와 쾌락을 누리지만, 근본적으로 우울하다.

– 에리히 프롬, 『건전한 사회』 중에서

본인이 우울증에 걸려 있으면서도 자신이 우울함을 인정하지 않는 사람들이 있다. 이들은 매우 바쁘고 힘들면서도 우울하다거나 불안하다는 표현을 하지 않는다. 사는 재미가 없다거나 삶에 의욕이 생기지 않는다는 말도 쉽게 꺼내지 않는다. 아니 오히려 너무 많은 일들을 맡아서 바쁘게 사는 경우가 흔하다.

그렇다면 도대체 무엇이 문제란 말인가? 이렇게 아무 문제를 호소하지 않던 사람이 갑자기 자살을 했거나 자살을 시도했다는 소식을 접하고 나서야 우리는 이 사람이 심각한 우울증을 앓고 있었음을, 그 위험한 병을 감추고 있었음을 비로소 깨닫게 된다.

자신의 우울을 부정하거나 모르거나

임상에서는 이런 문제를 보이는 사람들을 '가면 우울증 (masked depression)'이라고 한다. 자신의 우울증을 부정하고 가면 뒤에 숨어 자신을 멀쩡하다고 하는 사람들, 이들은 주로 신체적 증상 때문에 병원을 찾는다. 당연히 정신과가 아닌 내과나 가정의학과 등이다. 문제는 이들이 호소하는 신체적 증상을 기반으로 의학적 검사를 진행하면 특별한 이상이 발견되지 않는다는 것이다.

1970년대부터 이런 환자가 관심을 받기 시작했다. 이들은 우울함을 전혀 호소하지 않거나 표현하더라도 지극히 경미한 수준의 증상만을 보고해서, 이들의 문제 배후에 우울증이 존재한다는 것을 상상하기 어렵게 만든다. 하지만 이들의 문제를 설명할 수 있는 다른 의학적 원인이 존재하지 않기 때문에 임상전문가들은 점차 이 문제가 아주 특이한 우울증의 하나라는 확신을 갖기 시작했다.

전체 우울증 환자 중 대략 6~7퍼센트가 가면 우울증 환자라고 알려져 있다. 이들 중 30~40퍼센트는 정신과 대신 신체질환과 관련된 다른 의사들을 찾아간다.《국제보건기구의 진단편람》은 이 문제를 "달리 분류되지 않는 가면 우울증의 단일 삽화(single episodes of masked depression not otherwise specified)"라고 부른다.

신체 증상으로 나타나는 우울증

마음은 참 독특하다. 그리고 참 희한하게 뒤틀어진다. 내 마음은 특히나 더 유별나다. 사람들의 경험은 대부분 비슷하지만 결코 정확히 같을 수는 없다. 편의상 '우울증'이라고(혹은 '불안'이나 '공황장애', '강박장애'라고) 뭉뚱그려 말하지만 사람마다 우울을 다르게 경험한다는 점만은 확실히 짚고 넘어가야 한다.

— 매트 헤이그, 『살아야 할 이유』 중에서

베스트셀러 작가이자 자신의 우울을 대면하고 극복한 이야기를 담은 에세이로 많은 이들에게 희망을 전한 매트 헤이그의 술회처럼, 우울증의 양상은 다채롭다. 어떤 이들에겐 우울증이 정신적 자각 없이 신체적 증상만으로 찾아오기도 한다. 그리고 정신병리학에서 바라보는 우울증 증상의 대부분은 신체 증상에 기반을 두고 있다. 에너지의 고갈, 여러 가지 통증은 우울증에서 흔히 나타나는 신체 증상이다. 대략 우울증 환자 세 명 중 두 명은 이러한 신체적 증상들을 호소한다.

가면 우울증 환자에게서 특히 두드러지는 증상 역시 다양한 통증이다. 두통, 요통, 관절 근육통 같은 통증 증상이 나타나고 비통증 증상으로는 입맛 상실, 성욕 저하, 에너지 저하, 수면 장애, 어지럼증, 심계 항진, 호흡 장애, 위장 장애 등이 나타난다.

우울증은 그 종류를 막론하고 다양한 신체 증상이 나타난다. 따라서 우울증에 신체 증상이 동반되는 것은 이 분야의 전문가들에겐 전혀 낯선 일이 아니다. 단지 가면 우울증은 정신적 증상 없이 신체 증상만 다양하게 나타난다는 점에서 구별된다.

이런 증상의 특이점 때문에 가면 우울증에 걸린 사람은 자신의 질병이 우울증이라는 생각을 하기 어렵다.

따라서 가면 우울증 환자는 자신의 문제를 부정한다기보다는 모른다고 해석하는 것이 더 타당하다. 우울감이나 흥미 저하, 자존감의 저하나 자살 사고 같은 심리적 증상이 주를 이루는 전형적인 우울증 환자는 자신이 우울증이라는 정신과적 문제를 겪고 있다는 것을 깨닫는 데 용이하다. 하지만 주요 증상이 오직 신체적 증상으로 나타나는 환자가 스스로의 문제를 우울증이라고 진단하는 것은 힘든 일이다.

의사들도 제대로 모르는 우울증

우울증 식별의 어려움은 비단 환자만의 것이 아니다. 앞에서 말했듯 많은 가면 우울증 환자는 자신의 문제를 진단받고 치료하기 위해 일반의나 내과 전문의 등을 찾아가게 된다. 하지만 의사라도 정신적 문제가 아니라 신체 증상을 나열하는 이 환자가 정신과적 문제를 가지고 있을 것이라 생각하기는 쉽지 않다.

미국에서 진행된 한 연구에 따르면, 일반의의 경우 신체 증상이 동반되는 우울증 환자의 절반 이상을 정신과적 문제가 없는 것으로 진단했다. 심지어 우울증이 있다는 것을 감지한 경우에도 이 환자를 우울증으로 진단하고 적절한 치료를 처방한 경우는 단지 30~40퍼센트에 불과하다. 일부 우울증으로 의심할 수 있는 증상을 발견했다 하더라도 신체적 질환이 심각하기 때문에 나타나는 정서적 반응 정도로 이를 평가절하했을 수도 있다.

많은 일반의나 내과 의사는 가면 우울증 환자를 "의학적으로 설명되지 않은 신체적 호소"를 하는 환자로 진단한다. 우울증에 동반되는 다양한 신체적 문제는 그 분야 환자를 오래 치료한 정신과 전문 인력에게나 익숙한 현상이기 때문이다.

물론 환자들이 병원을 방문해서 우울증으로 의심할 만한 과거 병력이나 증상을 말하지 않는 것은 아니다. 하지만 환자의 표현은 지나치게 모호하고 여러 가지 사건이 뒤죽박죽인 경우가 허다하다. 더구나 증상 자체보다는 그 증상이 나타나던 시기의 사회적·경제적 어려움을 나열하는 데 더 많은 시간을 보내곤 하기 때문에 이를 듣는 비전문가는 스트레스가 누적되어 병이 생긴 정도로 상황을 해석하기 쉬운 것이다. 혼란한 환자의 보고를 체계적으로 정리하고 적절한 질문을 통해 퍼즐을 맞추어 나가는 것은 임상심리학자나 정신과전문의와 같은 정신질환 평가의 전문가들에게서나 기대할 수 있는 고도의 전문 기술이다.

게다가 막상 경험 있는 전문가라 할지라도 가면 우울증을 식별하는 것은 그리 간단한 문제가 아니다. 이미 말했듯이 우울증에는 다양한 신체적 증상이 동반된다. 과연 어느 정도 신체적 문제가 중심이 되면 이 진단이 가능할지는 고민스럽다.

가면 우울증의 몇 가지 단서

가면 우울증은 현재의 정신과 진단 체계에 공식적으로 존재하는 진단명도 아닐뿐더러 그 세부 양상에 대해서는 학자마다 조금씩 의견이 다르다. 그만큼 명확한 기준을 찾기 어렵다는 뜻이다. 진단의 모호성은 필연적으로 가면 우울증 환자를 정신과적 문제가 아닌 다른 진단으로 이끌게 된다. 오진은 환자가 적절한 치료를 받아 회복될 골든 타임을 놓치게 하는 핵심 원인이다. 때를 놓친 치료는 환자의 사회적 기능에 심대한 손상을 유발하고 나아가 자살의 위험까지 높이게 된다.

　동네 병원, 보건소, 직장의 보건실을 비롯하여 국민의 건강을 일선에서 책임지는 기관에서는 만성적 통증이나 소화기 장애 등을 호소하는 환자들을 흔하게 만날수 있다. 이들 모두가 가면 우울증일 리는 없다. 이들 중

상당수는 실제 의학적 문제로 인해 치료실을 방문했을 것이다. 하지만 이들 중 일부는 분명 정신과적 문제에서 비롯된 가면 우울증을 앓고 있을 것이다. 가면 우울증 여부를 확인하기 위해서는 조심스럽게 다른 증상이 공존하고 있는지 확인할 필요가 있다. 특히 불면증을 경험하고 있지는 않은지, 심한 집중 곤란을 경험하지는 않는지를 확인해야 한다. 이들 증상은 일반인의 관점에서는 우울증과 큰 관련이 없어 보이는 증상이지만 전문가의 관점에서는 우울증을 구성하는 핵심적인 증상이다.

환자가 자발적으로 보고하지 않을 가능성이 있지만 성기능의 문제가 발생되고 있는지를 확인하는 것도 중요하다. 특히 젊은 환자이라면 최근 나타난 다양한 신체 증상과 더불어, 비슷한 시기에 성기능 장애가 나타나지는 않았는지를 확인할 필요가 있다. 식욕과 성욕은 인간이 우울증을 경험하게 되면 두드러지게 감퇴되는 욕구다.

또 한 가지 가면 우울증을 진단하기 위해 확인해야 할 것은 치료에 대한 동기 저하이다. 만성적인 통증과 신체 증상이 있음에도 불구하고, 치료에 대한 이들의 협조도는 낮다. 이들은 병원 방문을 미루고 처방받은 약을 먹지 않으려 하는 등 많은 치료 거부 행위를 보인다. 이는 조금만 아파도 병원 치료를 받으려고 하는 평범한 사람과 대비되는 모습이다. 우울증으로 나타난 희망의 저하 및 에너지 수준의 하락은 이들이 자기 문제에 집중하는 것을 방해한다.

그는 지금 자신의 위험을
주변에 경고하고 있다!

현실적으로 신체 증상을 보이는 환자가 정신과를 먼저 찾기를 기대하는 것은 어려운 일이다. 이들이 먼저 찾는 곳이 일반의가 개업한 의원이나 가정의학과, 내과 등이라면, 의학적으로 쉽게 설명되지 않는 신체 증상을 보이는 환자가 병원을 방문했을 때 정신적인 문제가 동반되었을 가능성을 함께 고려하는 진료가 필요하다. 애매한 환자가 방문했을 때 인근 정신과나 심리학자가 운영하는 치료센터에 심리평가를 의뢰해보는 것도 오진을 막는 데 큰 도움이 된다.

　가면 우울증 환자를 돕기 위해서는 무엇보다도 가까운 주변 사람들, 특히 가족의 역할이 중요하다. 정체 모를 온갖 통증을 호소하는 환자를 옆에서 바라보는 것은 여간 성가신 일이 아니다. 더구나 이들이 여러 병원을 다니면서도 뚜렷한 원인을 찾지 못할 때는 그 피로감이 가

중된다. 보호자는 방문한 병원에서 환자가 의학적으로 큰 문제가 없다는 소견을 듣게 될 가능성도 높다.

이때 가족은 환자가 꾀병을 부리고 있다고 속단해서는 안 된다. 환자는 있지도 않은 증상을 존재하는 것처럼 거짓말을 하며 가족들을 괴롭히는 게 아니다. 환자가 경험하는 고통은 모두 환자에게 실존하는 것이다. 단지 그 원인이 해당 장기의 질환과 관련되지 않았을 뿐이다. 환자는 신체 질환보다 어쩌면 더 심각할 수 있는 정신과적 질환을 경험하고 있을 수도 있다.

환자가 가면 우울 증상을 보인다는 것은 그의 방식대로 자신의 위기를 주변에 경고하고 있는 것이다. 그리고 급박한 도움을 요청하고 있는 것이다. 보이지 않는 내면의 고통에 관심을 두어야 한다. 지금은 환자의 정신적인 문제를 치료할 시점이다. 더 늦어서는 안 된다. 지금이 골든 타임이다.

심리학에 대한 내 관심은 상식적으로 납득되지 않는 연구의 진위를 추적하는 데서 시작되었다. 내가 대학을 다니던 시절엔 혈액형으로 성격을 알 수 있다는 주장도 큰 신뢰를 받았다. 유사 심리학 연구도 많았다. 평생 그것을 연구했다는 학자와 저술도 존재했다.

최근에는 내 친구의 아내가 자녀가 어떤 잘못을 저질러도 야단을 치지 않고 잘한다고 칭찬을 해서 경악하기도 했다. 연유를 알고 보니, 유명한 심리학자가 저술한 자녀교육서에서 그렇게 하라고 했다는 것이다.

● ● ●

하나의 진실에 다가가는 것은 고단한 일이다. 인간은 복잡한 고민과 까다로운 의사결정을 본능적으로 싫어한다. 그냥 내 맘에 드는 주장을 믿고 의심하지 않고 사는 편이 정신건강과 점심식사를 소화시키는 데에는 더 좋을지도 모른다.

믿음은 고민을 종결시키고 정신의 평화를 가져온다. 인간과 사회에 대한 어떤 법칙이 내 마음에 든다면 오래 간직하며 삶에 적용하고, 마음에 들지 않으면 그냥 망각하고 살면 그만이다. 하지만 그 믿음이 자칫 우리의 인생을 위험하게 만들 수도 있다. 나만의 신념이든 대다수의 믿음이든, 그것이 틀린 것이라면, 창피하고 억울한 일이다.

∙∙∙

글의 출발은 매우 거칠고 어려워 편하게 읽는 데 적합한 수준은 아니었다. 아직도 부족한 점이 많지만, 그 투박한 글을 지금의 모습으로 만드는 데 가장 큰 역할을 한 사람은 모든 글을 꼼꼼하게 읽고 의견을 준 사랑하는 아내였다. 책이 제작되는 모든 공정을 마치고 가장 첫 번째로 만들어지는 책을 그녀에게 선물하고 싶다.

마지막으로 부족한 아들이 단독 저서를 펴낼 날만 기다리며 삶의 의지를 불태우고 계신 아버지와, 모든 순간 나의 힘과 영감의 원천이었던 어머님께 이 책을 바친다.

참고문헌

Chapter 01

Rauscher, F. H., Shaw, G. L., & Ky, C. N. (1993), "Music and spatial task performance," *Nature*, 365(6447), 611-611.

Pietschnig, J., Voracek, M., & Formann, A. K. (2010), "Mozart effect–Shmozart effect: A meta-analysis," *Intelligence*, 38(3), 314-323.

Verrusio, W., Ettorre, E., Vicenzini, E., Vanacore, N., Cacciafesta, M., & Mecarelli, O. (2015), "The Mozart effect: a quantitative EEG study," *Consciousness and cognition*, 35, 150-155.

하종덕·송경애. (2005),「뇌의 인지기능 특성을 통한 과학 영재성 판별」,『영재교육연구』, 15(2), 77-100.

Doppelmayr, M., Klimesch, W., Stadler, W., Pöllhuber, D., & Heine, C. (2002), "EEG alpha power and intelligence," *Intelligence*, 30(3), 289-302.

Anokhin, A., & Vogel, F. (1996), "EEG alpha rhythm frequency and intelligence in normal adults," *Intelligence*, 23(1), 1-14.

Polunina, A. G., & Davydov, D. M. (2006), "EEG correlates of Wechsler adult intelligence scale," *International journal of neuroscience*, 116(10), 1231-1248.

Lustenberger, C., Boyle, M. R., Foulser, A. A., Mellin, J. M., & Fröhlich, F. (2015), "Functional role of frontal alpha oscillations in creativity," *Cortex*, 67, 74-82.

Lin, L. C., Ouyang, C. S., Chiang, C. T., Wu, R. C., Wu, H. C., & Yang, R. C. (2014), "Listening to Mozart K. 448 decreases electroencephalography oscillatory power associated with an increase in sympathetic tone in adults: a post-intervention study," *JRSM open*, 5(10), 2054270414551657.

Chapter 02

Myers, D. G. (1995), "Psychology (4th ed.). New York: Worth Kenneth L. Higbee & Samuel L. Clay (1998) College Students'Beliefs in the Ten-Percent Myth," *The Journal of Psychology*, 132:5, 469-476.

Radford, B. (1999), "The ten-percent myth," *Skeptical Inquirer*, 23, 52-53.

Geller. Uri. and Jane Struthers. (1996), *Uri Gellers Mind-power Book*, Ixmdon: Virgin Books

Chapter 03

Thomas, C.R. (1983), "Field independence and Myers-Briggs thinking individuals," *Perceptual and Motor Skills*, 57, 790.

Wiggins, J. S. (1989), "Review of the Myers-Briggs Type Indicator," *Tenth Mental Measurements Yearbook*, 1, 537-538.

McCaulley, M.H. (1981), "Jung's theory of psychological types and the Myers-Briggs Type Indicator," In P. McReynolds (Ed.), *Advances in Personality Assessment* (Vol. 5, pp.294-352): San Francisco: Jossey-Bass.

Chapter 04

Helliwell, J. F. (2007), "Well-being and social capital: Does suicide pose a p uzzle?," *Social indicators r esearch*, 81(3), 455-496.

Durkheim, E. (1952), *Suicide: A Study in Sociology*, Translated by John A. Spaulding and George Simpson (Routledge and Kegan Paul, London).

Rutz, W. (2001), "Preventing suicide and premature death by education and treatment," *Journal of Affective Disorders*, 62(1-2), 123-129.

강유덕·양효은·임유진 (2016), 「경제구조의 변화에 따른 핀란드 경제의 장기 침체와 구조개혁」, 『KIEP 오늘의 세계경제』, 16(9), 1-17.

Aihara, H. and M. Iki. (2002), "Effects of socio-economic factors on suicide from1980 through 1999 in Osaka prefecture, Japan," *Journal of Epidemiology*, 12, 439-449 (Japan Epidemiological Association).

Chapter 05

Booy, G., Hendriks, R. J. J., Smulders, M. J. M., Van Groenendael, J. M., & Vosman, B. (2000), "Genetic diversity and the survival of populations," *Plant biology*, 2(04), 379-395.

Saxton, T. K., Steel, C., Rowley, K., Newman, A. V., & Baguley, T. (2017), "Facial resemblance between women's partners and brothers," *Evolution and Human Behavior*, 38(4), 429-433.

Loehlin, J. C., McCrae, R. R., Costa Jr, P. T., & John, O. P. (1998), "Heritabilities of common and measure-specific components of the Big Five personality factors," *Journal of research in personality*, 32(4), 431-453.

김복희·서경현 (2021), 「다문화가정 자녀의 지각된 어머니 고부갈등이 주관적 웰빙에 미치는 영향: 문화적응 스트레스와 학교생활적응의 매개효과를 중심으로」, 『한국콘텐츠학회논문지』, 21(8), 498-506.

김은덕·박찬상 (2017), 「융복합시대 어머니의 양육 스트레스가 유아의 문제행동에 미치는 영향: 아버지의 양육 참여의 조절효과」, 『융합정보논문지』, 7(6), 123-133

Chapter 06

Mischel, W., Ebbesen, E. B., & Raskoff Zeiss, A. (1972), "Cognitive and attentional mechanisms in delay of gratification," *Journal of Personality and Social Psychology*, 21, 204–218.

Mischel, W., Shoda, Y., & Rodriguez, M. I. (1989), "Delay of gratification in children," *Science*, 244, 933–938.

De Posada, J., & Singer, E. (2005), *Don't Eat the Marshmallow Yet!: The Secret to Sweet Success in Work and Life*. Penguin, Berkley.

Watts, T. W., Duncan, G. J., & Quan, H. (2018), "Revisiting the marshmallow test: A conceptual replication investigating links between early delay of gratification and later outcomes," *Psychological Science*, 29, 1159–1177.

Kidd, C., Palmeri, H., & Aslin, R. N. (2013). "Rational snacking: Young children's decision-making on the marshmallow task is moderated by beliefs about environmental reliability," *Cognition*, 126(1), 109-114.

Falk, A., Kosse, F., & Pinger, P. (2019), "Re-revisiting the marshmallow test: a direct comparison of studies by shoda, mischel, and peake(1990) and watts, duncan, and quan(2018)," *Psychological science*, 31(1):100-104

Chapter 07

Taylor, S. E. (1989), *Positive illusions: Creative self-deception and the healthy mind*, New York: Basic Books.

Frazier, P., Tennen, H., Gavian, M., Park, C., Tomich, P., & Tashiro, T. (2009), "Does self-reported posttraumatic growth reflect genuine positive change?," *Psychological science*, 20(7), 912-919.

한정민·장정은·전종설 (2020), 「세월호 참사 단원고 생존자의 외상 후 성장」, 『보건사회연구』, 40(2), 9-59.

Lehman, D. R., Wortman, C. B., & Williams, A. F. (1987), "Longterm effects of losing a spouse or child in a motor vehicle crash," *Journal of Personality and Social Psychology*, 52, 218-231.

Chapter 08

Scheeringa, M. S,, Weems, C. F,, Cohen, J. A. et al. (2011), "Trauma-focused cognitive-behavioral therapy for post-traumatic stress disorder in three through six year-old children: a randomized clinical trial," *Journal of Child Psychology and Psychiatry*, 52, 853-60.

Piacentini J, Woods DW, Scahill L et al. (2010), "Behavior therapy for children with Tourette disorder: A randomized controlled Trial," *JAMA*, 303, 1929-37.

Szapocznik, J, & Prado, G. (2007), "Negative effects on family functioning from psychosocial treatments: a recommendation for expanded safety monitoring," *Journal of Family Psychology*, 21, 468-78.

Chapter 09

Strack, F., Martin, L. L., & Stepper, S. (1988), "Inhibiting and facilitating conditions of the human smile: a nonobtrusive test of the facial feedback hypothesis," *Journal of personality and social psychology*, 54(5), 768.

Kleinke, C. L., Peterson, T. R., & Rutledge, T. R. (1998), "Effects of self-generated facial expressions on mood," *Journal of personality and social psychology*, 74(1), 272.

Davis, J. I., Senghas, A., & Ochsner, K. N. (2009), "How does facial feedback modulate emotional experience?" *Journal of research in personality*, 43(5), 822-829.

Hennenlotter, A., Dresel, C., Castrop, F., Ceballos-Baumann, A. O., Wohlschläger, A. M., & Haslinger, B. (2009), "The link between facial feedback and neural activity within central circuitries of emotion—New insights from Botulinum toxin–induced denervation of frown muscles," *Cerebral Cortex*, 19(3), 537-542.

Söderkvist, S., Ohlén, K., & Dimberg, U. (2018), "How the experience of emotion is modulated by facial feedback," *Journal of nonverbal behavior*, 42(1), 129-151.

Chapter 10

Packard, V. (1958). *The hidden persuaders*. Pocket Books.

Verwijmeren, T., Karremans, J. C., Bernritter, S. F., Stroebe,W., & Wigboldus, D. H. (2013), "Warning: You are being primed! The effect of a warning on the impact of sub-liminal ads," *Journal of Experimental Social Psychology*, 49(6), 1124-1129.

Smarandescu, L., & Shimp, T. A. (2015), "Drink coca-cola, eat popcorn, and choose powerade: testing the limits of subliminal persuasion," *Marketing Letters*, 26(4), 715-726.

Chapter 11

Stearns, S. C. (2000), "Daniel Bernoulli (1738): evolution and economics under risk," *Journal of biosciences*, 25(3), 221-228.

Higgins, T. E (2002), "How self-regulation creates distinct val-ues: Taste of promotion and prevention decision mak-ing," *Journal of Consumer Psychology*, 12, 177-191

Thaler, R.H., Johnson, E.J., (1990), "Gambling with the house money and trying to break even: the effects of prior choice," *Management Science*, 36, 643-660.

Liu, Y.-J., Tsai, C.-L., Wang, M.-C., Zhu, N. (2010), "Prior conse-quences and subsequent risk taking: new field evidence from the Taiwan Futures Exchange," *Management Science*, 56, 606-620.

Chapter 12

QVC. (2008). *Corporate: About QVC*. Retrieved March 26, 2008, from http://www.qvc.com.

Lim, C. M., & Kim, Y. K. (2011), "Older consumers'TV home shopping: Loneliness, parasocial interaction, and per-

♦♦

ceived convenience," *Psychology & Marketing*, 28(8), 763-780.

Pinquart, M., & Sörensen, S. (2001), "Influences on loneliness in older adults: A metaanalysis," *Basic and Applied Social Psychology*, 23, 245–266.

Babin, B. J., Darden,W. R., & Griffin, M. (1994), "Work and/or fun: Measuring hedonic and utilitarian shopping value," *Journal of Consumer Research*, 20, 644–656.

Rahtz, D. R., Sirgy,M. J., & Meadow,H. L. (1989), "The elderly audience: Correlates of television orientation," *Journal of Advertising*, 18, 9–20.

도넬라 H. 메도즈·데니스 L. 메도즈·요르겐 랜더스, 『성장의 한계』, 김병순 옮김, 갈라파고스.

Chapter 13

선민지·이민석 (2019), 「행복하기 힘든 20대, 우리의 행복은 어디에?」, 《동대신문》 2019년 5월 13일

Kim, M. J. (2019), "The Complex relationship between employment stress and avoidance coping styles for college students," *Journal of Digital Convergence*, 17(3), 353-360.

Diener, E., & Emmons, R. A. (1984), "The independence of positive and negative affect," *Journal of personality and social psychology*, 47(5), 1105.

전미영·김난도 (2011), 「재화소비와 경험소비에서 나타나는 소비자행복 수준 비교」, 『소비자정책교육연구』, 7(2), 55-75.

Dobson, K. S., Hollon, S. D., Dimidjian, S., Schmaling, K. B., Kohlenberg, R. J., Gallop, R. J., ... & Jacobson, N. S. (2008), "Randomized trial of behavioral activation, cognitive therapy, and antidepressant medication in the pre-

vention of relapse and recurrence in major de-pression,"
Journal of consulting and clinical psychology, 76(3), 468.

Chapter 14

McClosky, H. (1958), "Conservatism and personality," *American
Political Science Review*, 52(1), 27-45.

Oxley, D. R., Smith, K. B., Alford, J. R., Hibbing, M. V., Miller, J.
L., Scalora, M., ... & Hibbing, J. R. (2008), "Political atti-
tudes vary with physiological traits," *science*, 321(5896),
1667-1670.

Rentfrow, P. J., Jost, J. T., Gosling, S. D., & Potter, J. (2009),
"Statewide differences in personality predict voting pat-
terns in 1996–2004 US presidential elections," *Social and
psychological bases of ideology and system justification*,
1, 314-349.

D'Hooge, L., Achterberg, P., & Reeskens, T. (2018), "Imagining
class: A study into material social class position, subjec-
tive identification, and voting behavior across Europe,"
Social Science Research, 70, 71-89.

Evans, M. D., & Kelley, J. (2004), "Subjective social location: Data
from 21 nations," *International Journal of Public Opin-
ion Research*, 16(1), 3-38.

Sosnaud, B., Brady, D., & Frenk, S. M. (2013), "Class in name
only: Subjective class identity, objective class position,
and vote choice in American presidential elections," *So-
cial Problems*, 60(1), 81-99.

Jost, J. T. (2017), "Working class conservatism: A system justifi-
cation perspective," *Current opinion in psychology*, 18,
73-78.

◆◆

Chapter 15

https://www.panelnow.co.kr/vote/result/4134

Benson, P. L., Karabenick, S. A., & Lerner, R. M. (1976), "Pretty pleases: The effects of physical attractiveness, race, and sex on receiving help," *Journal of Experimental Social Psychology*, 12(5), 409-415.

Zajonc, R. B. (1968), "Attitudinal effects of mere exposure," *Journal of personality and social psychology*, 9(2p2), 1.

Rajecki, D. W. (1974), "Effects of prenatal exposure to auditory or visual stimulation on postnatal distress vocalizations in chicks," *Behavioral Biology*, 11(4), 525-536.

Zajonc, R. B. (2001), "Mere exposure: A gateway to the subliminal," *Current directions in psychological science*, 10(6), 224-228.

Murphy, S. T., Monahan, J. L., & Zajonc, R. B. (1995), "Additivity of nonconscious affect: combined effects of priming and exposure," *Journal of personality and social psychology*, 69(4), 589.

Zajonc, R. B. (2000), "Feeling and thinking: Closing the debate over the independence of affect," in J. P. Forgas (Ed.), *Feeling and thinking: The role of affect in social cognition* (pp. 31–58). Cambridge University Press.

Chapter 16

American Psychiatric Association (2013), "Diagnostic and Statistical Manual of Mental Disorders," DSM-5. 5th ed, *Arlington: American Psychiatric Association*, 47–49.

Botting N, Conti-Ramsden G. (1999), "Pragmatic language impairment without autism: the children in question," *Autism*. 3, 371–396.

Chapter 17

임종아·정미란. (2014), "ADHD 아동의 마음상태 이해," *Communication Sciences and Disorders*, 19(4), 467–476.

Mayes, S. D., Castagna, P. J., DiGiovanni, C. D., & Waschbusch, D. A. (2020), "Relationship between ADHD, oppositional defiant, conduct, and disruptive mood dysregulation disorder symptoms and age in children with ADHD and autism," *International Journal of Clinical Psychiatry and Mental Health*, 8(1), 47-57.

Loeber, R., Burke, J. D., & Pardini, D. A. (2009), "Development and etiology of disruptive and delinquent behavior," *Annual Review of Clinical Psychology*, 5, 291–310.

Pearlin, L. I., & Schooler, C. (1978), "The structure of coping," *Journal of Health and Social Behavior*, 19, 2-21.

Loeber, R., Burke, J. D., & Pardini, D. A. (2009), "Development and etiology of disruptive and delinquent behavior," *Annual Review of Clinical Psychology*, 5, 291–310.

Chapter 18

World Health Organization (2018), "ICD-11 for mortality and morbidity statistics".

Langdon, R., Davies, M. & Coltheart, M. (2002), "Understanding minds and understanding communicated meanings in schizophrenia," *Mind Lang*. 17, 68–104.

Premack, D. & Woodruff, G. (1978), "IDoes the chimpanzee have

♦♦

a theory of mind? Behav," *Brain Sci*, 34, 1401–1407.

Bosco, F., Berardinelli, L. & Parola, A. (2019), "The ability of patients with schizophrenia to comprehend and produce sincere, deceitful and ironic communicative intentions: the role of theory of mind and executive functions," Front. *Psychol*, 10, 827.

Chapter 19

Moreira A.L.R., Van Meter A, Genzlinger J, Youngstrom EA. (2017), "Review and metaanalysis of epidemiologic studies of adult bipolar disorder," *J Clin Psychiatry*, 78(9), e1259–69.

Huxley N, Baldessarini RJ. (2007), "Disability and its treatment in bipolar disorder patients," *Bipolar Disord*, 9(1–2), 183–96.

Thakur, A., Grover, S., & Nehra, R. (2019), "Marital adjustment amongst spouse and patient with bipolar disorder," *International Journal of Medical and Biomedical Studies*, 3(8).

Chapter 20

Swaine Z. (2011), *Encyclopedia of Clinical Neuropsychology*, Springer; Masked depression, 1524–5.

Miodek A, Szemraj P, Kocur J, Rys A. (2007), "Masked depression – History and present day," *Pol Merkur Lekarski*, 23:78–80.

Wrodycka B, Chmielewski H, Gruszczyński W, Zytkowski A, Chudzik W. (2006), "Masked (atypical) depression in patients with back pain syndrome in outpatient neurological care," *Pol Merkur Lekarski*, 21:38–40.

International Classification of Diseases, "Mental and Behavioural Disorders" [Last accessed on 2017 Feb 21]. Available from: http://www.apps.who.int/classifications/apps/icd/icd10online2003/fr-icdhtm?gf30.htm.

Shetty, P., Mane, A., Fulmali, S., & Uchit, G. (2018), "Understanding masked depression: A Clinical scenario," *Indian journal of psychiatry*, 60(1), 97.

Tylee A, Gandhi P. (2005), "The importance of somatic symptoms in depression in primary care. Prim Care Companion", *J Clin Psychiatry*, 7:167–76.

Bridges KW, Goldberg DP. (1985), "Somatic presentation of DSM III psychiatric disorders in primary care," *J Psychosom Res*, 29:563–9.

Martin LR, Williams SL, Haskard KB, Dimatteo MR. (2005), "The challenge of patient adherence," *Ther Clin RiskManag*, 1:189–99.

매트 헤이그, 『살아야 할 이유』, 강수희 옮김, 책읽는수요일.

그건 심리학적으로 맞지 않습니다만

최승원 지음

초판 1쇄 발행 2024년 2월 29일

발행: 책사람집
디자인: 오하라
제작: 세걸음

ISBN 979-11-978794-7-0 (03180)
16,800원

책사람집
출판등록: 2018년 2월 7일
(제 2018-000269호)
주소: 서울시 마포구 토정로 53-13 3층
전화: 070-5001-0881
이메일: bookpeoplehouse@naver.com
인스타그램: instagram.com/book.people.
house/
블로그: post.naver.com/bookpeoplehouse